BARBARA CASSIN

Jacques, o Sofista

Lacan, *logos* e psicanálise

OUTROS LIVROS DA **FILÓ**

FILÓ

A alma e as formas
Ensaios
Georg Lukács

A aventura da filosofia francesa no século XX
Alain Badiou

Ciência, um Monstro
Lições trentinas
Paul K. Feyerabend

Em busca do real perdido
Alain Badiou

Do espírito geométrico e Da arte de persuadir
E outros escritos de ciência, política e fé
Blaise Pascal

A ideologia e a utopia
Paul Ricœur

O primado da percepção e suas consequências filosóficas
Maurice Merleau-Ponty

Relatar a si mesmo
Crítica da violência ética
Judith Butler

A teoria dos incorporais no estoicismo antigo
Émile Bréhier

A sabedoria trágica
Sobre o bom uso de Nietzsche
Michel Onfray

Se Parmênides
O tratado anônimo De Melisso Xenophane Gorgia
Barbara Cassin

A união da alma e do corpo
em Malebranche, Biran e Bergson
Maurice Merleau-Ponty

A vida psíquica do poder
Teorias da sujeição
Judith Butler

FILÓAGAMBEN

Bartleby, ou da contingência
Giorgio Agamben
seguido de *Bartleby, o escrevente*
Herman Melville

A comunidade que vem
Giorgio Agamben

Gosto
Giorgio Agamben

O homem sem conteúdo
Giorgio Agamben

Ideia da prosa
Giorgio Agamben

Introdução a Giorgio Agamben
Uma arqueologia da potência
Edgardo Castro

Meios sem fim
Notas sobre a política
Giorgio Agamben

Nudez
Giorgio Agamben

A potência do pensamento
Ensaios e conferências
Giorgio Agamben

O tempo que resta
Um comentário à *Carta aos Romanos*
Giorgio Agamben

FILÓBATAILLE

O erotismo
Georges Bataille

O culpado
Seguido de *A aleluia*
Georges Bataille

A experiência interior
Seguida de *Método de meditação e Postscriptum 1953*
Georges Bataille

A literatura e o mal
Georges Bataille

A parte maldita
Precedida de *A noção de dispêndio*
Georges Bataille

Teoria da religião
Seguida de *Esquema de uma história das religiões*
Georges Bataille

Sobre Nietzsche:
vontade de chance
Georges Bataille

FILÓBENJAMIN

O anjo da história
Walter Benjamin

Baudelaire e a modernidade
Walter Benjamin

Imagens de pensamento
Sobre o haxixe e outras drogas
Walter Benjamin

Origem do drama trágico alemão
Walter Benjamin

Rua de mão única Infância berlinense: 1900
Walter Benjamin

Walter Benjamin
Uma biografia
Bernd Witte

Estética e sociologia da arte
Walter Benjamin

FILÓESPINOSA

Breve tratado de Deus, do homem e do seu bem-estar
Espinosa

Espinosa subversivo e outros escritos
Antonio Negri

Princípios da filosofia cartesiana e Pensamentos metafísicos
Espinosa

A unidade do corpo e da mente
Afetos, ações e paixões em Espinosa
Chantal Jaquet

FILÓESTÉTICA

O belo autônomo
Textos clássicos de estética
Rodrigo Duarte (Org.)

O descredenciamento filosófico da arte
Arthur C. Danto

Do sublime ao trágico
Friedrich Schiller

Íon
Platão

Pensar a imagem
Emmanuel Alloa (Org.)

FILÓMARGENS

O amor impiedoso
(ou: Sobre a crença)
Slavoj Žižek

Estilo e verdade em Jacques Lacan
Gilson Iannini

Interrogando o real
Slavoj Žižek

Introdução a Foucault
Edgardo Castro

Introdução a Jacques Lacan
Vladimir Safatle

Kafka
Por uma literatura menor
Gilles Deleuze
Félix Guattari

Lacan, o escrito, a imagem
Jacques Aubert, François Cheng, Jean-Claude Milner, François Regnault, Gérard Wajcman

O sofrimento de Deus
Inversões do Apocalipse
Boris Gunjevic
Slavoj Žižek

Psicanálise sem Édipo?
Uma antropologia clínica da histeria em Freud e Lacan
Philippe Van Haute
Tomas Geyskens

ANTIFILÓ

A Razão
Pascal Quignard

FILŌ   **autêntica**

BARBARA CASSIN

Jacques, o Sofista

Lacan, *logos* e psicanálise

TRADUÇÃO Yolanda Vilela

REVISÃO DA TRADUÇÃO E DOS TERMOS GREGOS Cláudio Oliveira

Copyright © 2012 Editions EPEL
Copyright © 2017 Autêntica Editora

Título original: *Jacques Le Sophiste: Lacan, logos et psychanalyse*

Publicado por meio de acordo com Agence litteraire Pierre Astier & Associés.

Todos os direitos reservados pela Autêntica Editora. Nenhuma parte desta publicação poderá ser reproduzida, seja por meios mecânicos, eletrônicos, seja via cópia xerográfica, sem a autorização prévia da Editora.

COORDENADOR DA COLEÇÃO FILÔ
Gilson Iannini

CONSELHO EDITORIAL
Gilson Iannini (UFMG); *Barbara Cassin* (Paris); *Carla Rodrigues* (UFRJ); *Cláudio Oliveira* (UFF); *Danilo Marcondes* (PUC-Rio); *Ernani Chaves* (UFPA); *Guilherme Castelo Branco* (UFRJ); *João Carlos Salles* (UFBA); *Monique David-Ménard* (Paris); *Olímpio Pimenta* (UFOP); *Pedro Süssekind* (UFF); *Rogério Lopes* (UFMG); *Rodrigo Duarte* (UFMG); *Romero Alves Freitas* (UFOP); *Slavoj Žižek* (Liubliana); *Vladimir Safatle* (USP)

EDITORA RESPONSÁVEL
Rejane Dias

EDITORA ASSISTENTE
Cecília Martins

REVISÃO
Aline Sobreira

PROJETO GRÁFICO
Diogo Droschi

CAPA
Alberto Bittencourt
(sobre foto de Giancarlo BOTTI/ Gamma-Rapho/Getty Images)

DIAGRAMAÇÃO
Waldênia Alvarenga

Dados Internacionais de Catalogação na Publicação (CIP)
(Câmara Brasileira do Livro, SP, Brasil)

Cassin, Barbara
  Jacques, o sofista : Lacan, logos e psicanálise / Barbara Cassin ; tradução Yolanda Vilela ; revisão da tradução Cláudio Oliveira. -- 1. ed. -- Belo Horizonte : Autêntica Editora, 2017. -- (Filô)

  Título original: Jacques le Sophiste : Lacan, logos et psychanalyse.
  ISBN 978-85-513-0280-4

  1. Lacan, Jacques, 1901-1981 - Crítica e interpretação 2. Psicanálise 3. Sofismos I. Título. II. Série.

17-07043   CDD-150.195

Índices para catálogo sistemático:
1. Lacan, Jacques : Psicanálise 150.195

Belo Horizonte
Rua Carlos Turner, 420
Silveira . 31140-520
Belo Horizonte . MG
Tel.: (55 31) 3465 4500

São Paulo
Av. Paulista, 2.073,
Conjunto Nacional, Horsa I
23º andar . Conj. 2310-2312.
Cerqueira César . 01311-940
São Paulo . SP
Tel.: (55 11) 3034 4468

Rio de Janeiro
Rua Debret, 23, sala 401
Centro . 20030-080
Rio de Janeiro . RJ
Tel.: (55 21) 3179 1975

www.grupoautentica.com.br

Não sei como proceder, por que não dizê-lo, com a verdade
– assim como com a mulher.
Eu disse que tanto uma quanto a outra, ao menos para o homem,
era a mesma coisa.
Jacques Lacan. *Mais, ainda*

Trente-six fesses font dix-huit culs
[Trinta e seis nádegas fazem dezoito bundas]
Jeanne Bréchon, dita "Tomère"

Nota da tradutora

Em *Jacques, o Sofista,* a maioria das citações foi traduzida livremente a partir das versões francesas utilizadas pela autora. Sempre que possível, foram indicadas as correspondências com versões brasileiras disponíveis das obras referidas. Quanto às citações de textos de J. Lacan, foram utilizadas as edições da Jorge Zahar e da revista *Opção lacaniana.* Sempre que necessário, foram realizadas ligeiras modificações nas traduções referidas. No caso de citações de S. Freud, foram indicadas, apenas para fins de cotejo, as edições brasileiras traduzidas diretamente do original alemão disponíveis, mesmo quando a tradução foi realizada a partir da versão francesa utilizada pela autora. Especialmente no livro sobre os chistes, acentuadas diferenças entre as versões brasileiras e a versão francesa justificam a estratégia.

As citações de textos e termos gregos foram revisadas e cotejadas com os originais por Cláudio Oliveira.

Yolanda Vilela

Sumário

09. Prólogo: "Que gentileza me reconhecer"

PRIMEIRA PARTE

15 Doxografia e psicanálise, ou minoremos a verdade como ela merece

17 Escrever a opinião

21 Sentido demais/de menos

26 A origem como montagem

31 A exatidão literal

38 Transmissão – fixão/matema

SEGUNDA PARTE

45 A presença do sofista em nossa época

47 *Muthos/logos*: os pré-socráticos e o "longo desvio aristotélico"

50 A presença do sofista em nossa época

55 Do que a sofística é o nome, como se diz?

57 Uma escuta sofístico-analítica da história da filosofia: performance e homonímia

62 Logologia: falar pelo prazer de falar/falar em pura perda

64 Sofística, psicanálise e antifilosofia

TERCEIRA PARTE

73 O *logos-pharmakon*

75 Falar/pagar: um consultório na ágora

81 A voz da/de uma mulher

84 A teoria do *logos-pharmakon*

88 Farmácia, política e semblante

93 Na ponta do palimpsesto:
uma psicanálise na escala de um país?

96 Um "benefício adicional" – se ainda
estamos nisso na psicanálise

100 *Pharmakon* e laço social

QUARTA PARTE

**105 Sentido e não-sentido ou o
antiaristotelismo de Lacan**

107 Aristóteles contra os sofistas, Freud e Lacan

114 "O *logos* que há nos sons da voz e nas palavras"

123 Ponderações do sentido e do não-sentido:
Freud/Lacan

144 Incursões sofísticas na técnica analítica

QUINTA PARTE

**159 O *gozo* da linguagem ou o
ab-aristotelismo de Lacan**

161 O ab-senso e o *den*

192 Elas não sabem o que dizem

197 Ainda Helena

213. Epílogo: Afogamento de um peixe

221. Agradecimentos

Prólogo

"Que gentileza me reconhecer"

> – *Alô, Lacan?*
> – *Certamente não.*

Vocês se lembram do que dizia Lacan, sobre *agalma*, na "Proposição de 9 de outubro de 1967"?

"Como todos os casos particulares que compõem o milagre grego, esse só nos apresenta fechada a caixa de Pandora. Aberta, ela é a psicanálise, da qual Alcibíades não precisava."[1]

À guisa de prólogo, eu gostaria de apresentar uma caixa de Pandora fechada, a Grécia de longe, tal como ela chega aos filólogos-filósofos, esses centauros mancos à la Nietzsche. Ela, ou melhor, seus textos, sobretudo os seus textos pré-socráticos, entre os quais se encontram os textos dos sofistas, chegam-nos por fragmentos, através do que chamamos "doxografia", e caberá a vocês abri-la, mesmo que as fechaduras faltem ainda mais que as chaves.

Essa questão da relação entre transmissão da Antiguidade, via escolas e textos, e transmissão da psicanálise foi-me colocada

---

[1] LACAN, J. Proposition du 9 octobre 1967 sur le psychanalyste de l'école. In: *Autres écrits*. Paris: Seuil, 2001, p. 251. [Ed. bras.: LACAN, J. Proposição de 9 de outubro de 1967 sobre o psicanalista da escola. In: *Outros escritos*. Rio de Janeiro: Zahar, 2003, p. 256.]

outrora por Ezequiel de Olaso, um amigo argentino, hoje falecido, muito próximo de Borges. Respondi-lhe inicialmente com uma anedota – toda a doxografia, como iremos ver, é repleta de anedotas. Contei-lhe em que circunstâncias Lacan me pedira para lhe falar da doxografia; isso deve ter sido por volta de 1975.

Gloria telefonou-me num domingo de manhã, eu estava em minha casa de campo. Desci do cavalo completamente ofegante, correndo em direção ao telefone (nós tínhamos naquela época mais de 20 cavalos em nossa casa de guarda florestal, para treiná-los para serem profissionais). Gloria, a secretária em geral do grande médico em geral – um tipo de universal análogo àquele das maçãs que Chirac comia, exergo dos Universais de Alain de Libera: "Eu gosto das maçãs em geral". Acontece que meu tio também era um grande médico, residente, aliás, ao mesmo tempo que Lacan e com Lacan (toda a sala de plantão, exasperada, havia, teria, dizem – *phêsin* –, feito Lacan comer uma placenta ao molho, bem preparada).

"Não desligue, o doutor vai falar com a senhora."

"Alô", diz o doutor, e eu: "Olá! Como vai você?"

"Que gentileza me reconhecer. Jacques Lacan."

Jacques Lacan, que eu jamais encontrara, e não Jacques Caroli. Essa história é para assinalar sob qual signo *misfit* começou minha relação com Lacan e como se tocaram suavemente, de início, doxografia e psicanálise.

Supus, certamente, que algum analisando tivesse falado de mim sobre um divã coisas piores do que aquelas que se diz na cama, e do efeito produzido quando eu cobrava aulas particulares desses analistas supostos saber e que queriam aprender, verdadeiramente loucos de desejo de saber, tanto filó-sofos como sofó-filos, amantes do saber e sábios no amor. Líamos, então, no texto, não somente o *Fedro*, de Platão, mas toda a fonte que mesmo Lacan, assim como Freud, não tinha em estoque, começando pela *Teogonia*, de Hesíodo, texto a partir do qual, do incesto à emasculação do filho pelo pai, com Gaia, a Terra, protegendo seus filhos em suas entranhas para que Urano, o Céu, não os devorasse, e Cronos, o filho deles, castrando o pai, cujo esperma, ao tocar a água, criou Afrodite, até que seu filho Zeus o castrasse por sua vez, qualquer Édipo ganhava uma força muito mais crua.

Era o momento em que Lacan agitava nós borromeanos em seu consultório, um momento muito particular, um momento tardio em que ele procurava não tanto fazer escola, o que ele já tinha feito havia muito tempo, mas o que fazer com a sua escola, o que ele não cessou de buscar até a sua dissolução e para além dela.

Fui regular e pontualmente à Rue de Lille, digamos, uma manhã a cada 15 dias durante longos meses (se me esqueci das datas e das horas, lembro-me das roupas que eu tinha comprado para ir encontrá-lo).

Uma manhã, sentado de costas em sua mesa de trabalho, manipulando seus nós, ele me disse: a senhora vá falar com Gloria.

De olhos abertos em direção às suas costas respondi: "Enfim, o senhor vai me pagar?".

Ele se voltou, ilegível e com os olhos opacos ou turvos atrás das lentes dos óculos, e proferiu: "A senhora é mesmo Stéphanie Gilot?".

Fui falar com Gloria, ninguém pagou ninguém.

Eu disse ou apenas pensei alto o bastante para que isso não pudesse não ser ouvido: é o retorno ao ponto de partida, acabou-se porque isso acaba como começou, por um erro quanto à pessoa. Que gentileza me reconhecer, Jacques Lacan/A senhora é mesmo Stéphanie Gilot, um duplo mal-entendido cheio de ardor, que me coloca em meu lugar, para começar, e que me deixa, para terminar, a oportunidade e o cuidado de concluir. Ele deixa tudo mais leve. O erro-de-ida havia liberado a possibilidade imprevisível de me encontrar com ele e me ter encontrado catapultada a uma posição-mestre destituída logo de entrada; após um ano de angústia crescente em que um canto da minha cabeça não cessava de afiar e voltar para ele o que eu podia ter a dizer a partir da minha filologia-filosofia de menos de 30 anos, tanto mais duramente rigorosa quanto frágil, o erro-de-volta operava o "tibum" de um final com toda a plumagem do *kairos*. Era, então, verdade: que ele não escutava, que ele esperava entender, que ele não entendia nada dos meus textos escolhidos nem de minhas demonstrações e hipóteses. Ou pior. Mas que estranha maníaca era eu, portanto, em grego no texto.

É ao escrever isso hoje que penso, com efeito:

1. Que isso não deixou de determinar minha relação com a psicanálise. Não vale a pena procurar um psicanalista, os adoráveis mal-entendidos ordinários são cheios de eficácia.[2]

2. Que isso não deixou de determinar minha relação com a ciência dos helenistas. A exposição de doutrinas e achados, o conhecimento é – tanto pior para os *peers*, os que desprezam –, antes de tudo, um discurso.

Lacan tinha, portanto, curiosidade em aprender com as primeiras grandes transmissões como fazer passar, através de sua escola, a si mesmo e a psicanálise. Inútil assinalar que, em francês, "fazer passar" quer dizer também abortar – fazer passar uma criança. Como se a série de dispositivos teóricos e práticos que ele havia criado, todas as suas *mêkhanai* (maquinações, máquinas e mecanismos), os *Escritos*, os seminários, os matemas, a escola, o passe, os cartéis, o cardo não bastassem. Ele buscava uma caixa de Pandora como a

---

[2] "'Não sabemos nem mesmo se o inconsciente tem um ser próprio', escreve Lacan", escreve J.-A. Miller (MILLER, J.-A. Vie de Lacan. *La Cause Freudienne*, n. 79, 2011, p. 320), "e ele chega a dizer que quanto mais ele é interpretado, mais ele é". Estaria eu querendo dizer que meu inconsciente "é" o bastante assim? [Ed. bras.: MILLER, J.-A. *Vida de Lacan: escrita para a opinião esclarecida*. São Paulo: Lituraterra, 2011.]

doxografia. Lembro a conclusão do Congrès sur la Transmission, de junho de 1979:

> [...] minha proposição, aquela que instaura o que se chama o passe, no qual confio em alguma coisa que se chamaria transmissão, caso houvesse uma transmissão da psicanálise. Tal como a concebo agora, a psicanálise é intransmissível. Isso é muito desagradável. É bem desagradável que cada psicanalista seja forçado – pois é preciso que ele seja forçado a isso – a reinventar a psicanálise.

Eis, portanto, o momento em que Lacan precisava que lhe falassem da doxografia.

O que se segue é *grosso modo* o que eu lhe contei e que, sem dúvida, com toda razão, o adormeceu. É por isso que vocês podem, se preferirem, passar diretamente para a segunda parte.

PRIMEIRA PARTE

Doxografia e psicanálise,
ou minoremos a verdade
como ela merece

O lance [truc] analítico não será matemático.

Jacques Lacan. *Mais, ainda*

Escrever a opinião

A primeira coisa que chamou a atenção de Lacan foi a palavra "doxografia". A palavra, não ouso dizer o significante, mas, em todo caso, a palavra.

Doxografia. Vê-se bem como é formada. "Grafia": escrever, fixar; trata-se, com a doxografia, da passagem do oral ao escrito, de uma modalidade de transmissão a outra, de uma modalidade de memória a outra. Mais precisamente: trata-se da passagem do entusiasmo ao traço.

O "entusiasmo" é oral para os gregos, é a maneira como o deus "se coloca em", dentro de nós, transmite-se. Um diálogo de Platão, o Íon, está aí inteiramente para mostrar como o oral é uma cadeia de presenças: "Canta, deusa, a cólera de Aquiles", da musa ao poeta, do poeta ao rapsodo, do rapsodo ao auditor. O mesmo vale para o pensamento: pode-se, a partir de uma citação, torná-lo sensível no poema de origem, o *Poema*, de Parmênides. No início do poema, "a deusa [...] acolheu-me com benevolência, pegou minha mão em sua mão direita, tomou assim a palavra e endereçou-se a mim: 'Jovem, etc.'[3]: tal é a garantia da palavra e da transmissão oral.

A transmissão escrita não tem o Íon como modelo, mas o *Fedro*, ele próprio retransmitido por Derrida, onde o escrito não tem nada a fazer senão se virar sozinho. Apenas uma citação, desta vez de Lacan, para fazer ouvir o novo estatuto do entusiasmo quando se passa a esse traço que é a grafia. Trata-se da apresentação, nos *Escritos*, do "Discurso de Roma": "Um nada de entusiasmo é, num escrito, o traço mais seguro a deixar para que ele marque uma data, no sentido lamentável".[4]

Isso deve ser aproximado da letra enquanto *caput mortuum* do significante: "Sua essência é que a carta/letra[5] tanto pôde surtir seus efeitos internamente, nos atores do conto, inclusive o narrador, quanto do lado de fora: em nós, leitores, e também em seu autor, *sem que ninguém jamais tenha tido que se preocupar com o que ela queria dizer: destino comum de tudo o que se escreve*".[6]

Sou eu que sublinho, para sublinhar com o mesmo gesto que a doxo-grafia, como veremos, ninguém, efetivamente, nunca se preocupou com o que ela queria dizer.

Até aqui tratamos de "grafia". Vejamos, agora, a *doxa*, visto que a doxografia é a grafia das *doxai*, a "escrita das opiniões". Com *doxa*, lidamos com uma palavra grega bela e boa, *kalos kagathos* como um herói homérico, e essas belas e boas palavras gregas se caracterizam por sua ambivalência. Freud, revisto por Benveniste, tem razão quanto aos sentidos opostos

---

[3] Ver meu *Parménide. Sur la nature ou sur l'étant. La langue de l'être?* Paris: Seuil, 1998, p. 73. (Points-Bilingues)

[4] LACAN, J. Du sujet enfin en question. In: *Écrits*. Paris: Seuil, 1966, p. 229. [Ed. bras.: LACAN, J. Do sujeito enfim em questão. In: *Escritos*. Rio de Janeiro: Zahar, 1998, p. 229.]

[5] O termo *lettre*, em francês, significa tanto "letra" como "carta". Nos textos de Lacan, em geral, sobretudo em "O seminário sobre 'A carta roubada'", a ambiguidade do termo é importante, uma vez que Lacan joga com os dois sentidos de *lettre*. (N.T.)

[6] LACAN, J. Le séminaire sur "La lettre volée". In: *Écrits*, p. 57. [Ed. bras.: LACAN, J. O seminário sobre "A carta roubada". In: *Escritos*, p. 61.]

das palavras primitivas: não se trata de contraditórios ou de contrários, mas, verdadeiramente, de ambivalência. Será preciso ressemantizar "semblante" [*semblant*][7] ou praticá-lo, para que a palavra não leve somente para um lado.

O primeiro sentido de *doxa* é expectativa, a *expectação*, aquilo pelo que se espera. *Dokei moi* quer dizer: "parece-me", e os primeiros usos em Homero, em Píndaro, são usos paradoxais, no sentido estrito, nos quais se trata do que aparece *apo doxês*, "contra toda expectativa". *Doxa* é da família de *dekomai/dekhomai*, que significa "receber", "acolher", e *doxazô* quer dizer "imaginar", "pensar" – daí o latim *docere*, "fazer admitir", "ensinar". Em que, então, *doxa* é um termo ambivalente? Para caracterizá-lo rapidamente, pode-se passar pelo alemão, que é, acredito, o mais fiel à amplitude, ainda que ele não seja suficiente para resumi-la: a ambivalência varia de *Schein* a *Erscheinung*, e cada um dos dois termos deve ser compreendido ao mesmo tempo *a parte rei* e *a parte subjecti*.

O aspecto objetivo do *Schein* constitui a "aparência enganosa", a "falsa-aparência" [*faux-semblant*]; seu aspecto subjetivo é a "conjectura", a "alucinação", o "erro" – a "opinião" enquanto não fiável. Do lado do *Erscheinung*, pensado em relação a um objeto, considera-se a "bela aparência", a força da "manifestação", sua plenitude e, quando esse objeto é alguém, celebra-se a sua "boa reputação", a "glória" e até o "esplendor" (*doxa* é o termo que serve, na tradução da Bíblia, para designar a glória de Deus); supondo que se possa pensar a *Erscheinung* "subjetivamente", tratar-se-ia, então, de uma "opinião verdadeira", da "opinião estabelecida", em suma, da opinião daqueles de quem se tem boa opinião, a opinião das pessoas decentes (*doxa* é da família da palavra latina *decet*, "convém", que produz o francês

---

[7] Na língua francesa, *semblant* remete ao campo semântico de engodo, simulacro, fingimento, aparência. Dadas as especificidades do emprego lacaniano do termo, adotaremos o equivalente "semblante", já consagrado na comunidade psicanalítica brasileira. (N.T.)

décent [decente]). Tal é a amplitude do termo, com o qual os gregos não cessaram de jogar. Um fragmento de Heráclito, o fragmento 28, com as divergências de seus intérpretes, faz espelhar, o melhor possível, os valores nas coisas e nas pessoas: *Dokeontôn ho dokimôtatos gignôskei phulassein*, "O mais conhecido decide sobre as coisas reconhecidas, que ele conserva" [Bollack]/"Falsas-aparências [*Faux-semblants*] que aquele que tem bela aparência compreende, conserva" [Dumont].[8]

De tal modo que o sentido de *doxa* deve a cada vez ser negociado em relação ao sentido de *alêtheia*, opinião *versus* verdade, desde Parmênides e os últimos versos do fragmento que citei há pouco, em que a deusa opõe "as opiniões dos mortais, nas quais não existe uma verdadeira persuasão" ao "coração sem tremores da verdade que persuade bem" – não sem imediatamente remodelar positivamente as *dokounta*, aparências/aparições, e a maneira como elas deveriam "ser *dokimôs* [em seu aparecer], atravessando totalmente todas as coisas"[9] (parafraseio os intraduzíveis versos 29-32 do fr. I).

Não é falso dizer que toda a filosofia grega dá prosseguimento à negociação entre esses dois conceitos, por uma modulação dos sentidos de *doxa*. Assim, um dos impactos mais flagrantes da sofística é fazer com que a *doxa* seja tal que a *alêtheia* não possa dela se separar, contrariamente a Parmênides. Um dos fragmentos transmitidos de Górgias é mais ou menos o seguinte: "O ser é invisível [*aphanes*] se ele não alcança o parecer [*dokein*], e o parecer é fraco [*asthenes*] se ele não alcança o ser".[10]

---

[8] BOLLACK, J.; WISMANN, H. *Héraclite ou la séparation*. Paris: Les Éditions de Minuit, 1972; DUMONT, J.-P. *Les Présocratiques*. Paris: Gallimard, 1988. Toda a dialética de Aristóteles repousa sobre o fato de que se tem razão em tomar por base as ideias recebidas, ou seja, as opiniões confiáveis enquanto recebidas pelos homens de boa reputação: as *doxai* dos *dokimôtatoi*.

[9] CASSIN. *Parménide. Sur la nature ou sur l'étant. La langue de l'être?*, p. 72-73.

[10] GÓRGIAS. 82 B 26 DK, frequentemente citado por Hannah Arendt para mostrar como a *doxa*, constitutiva da cidade como "espaço das aparências",

No fundo, é todo aquele movimento de negociação entre *alêtheia* e *doxa* que termina com a frase de Nietzsche em *O crepúsculo dos ídolos*, "Como o 'mundo-verdade' se torna, finalmente, uma fábula – história de um erro": "O mundo-verdade", diz Nietzsche, "nós o abolimos: que mundo nos restou? O mundo das aparências, talvez?... Claro que não! *Com o mundo-verdade nós abolimos também o mundo das aparências!*".[11]

Tendo como fundo a história da filosofia ocidental, como se diz, drenando inversão do platonismo e instauração da fenomenologia, compreende-se que a palavra "doxografia" tenha soado pesada aos ouvidos de Lacan, e digna de interesse.

Sentido demais/de menos
[*Trop/pas assez de sens*]

Depois da palavra, a coisa: o que é a doxografia?

A doxografia é isso através de que chega até nós uma boa parte da filosofia grega, praticamente toda a filosofia présocrática e muito, por exemplo, do epicurismo ou do estoicismo. Trata-se, num primeiro sentido, de tudo o que não é transmissão direta, mas transmissão de pedaços de obras coligidas ou consagradas que não se pode mais, desde então, dizer que estejam completamente perdidas. Podemos imaginar como Lacan, interessado em Heidegger e procurando compreender o que se passa nessa filosofia que propõe uma origem, devia se deter nisso mesmo pelo qual nós conhecemos essa pretensa origem.

---

fornece o que ela chama de "a solução dos gregos para a fragilidade das coisas humanas" (cf., por exemplo, ARENDT, H. *La vie de l'esprit*. Paris: PUF, 1981. I, "La pensée", p. 40, e a sequência comentando Merleau-Ponty: "Todo *Schein* é uma contrapartida de um *Erscheinung*"). Quando não estiver indicado, as traduções do grego são minhas.

[11] NIETZSCHE, F. *Le Crépuscule des idoles*. Paris: Denoël; Gonthier, 1970, p. 37. [Ed. bras.: NIETZSCHE, F. *O crepúsculo dos ídolos*. Tradução, notas e posfácio de Paulo César de Souza. São Paulo: Companhia das Letras, 2006.]

Muito da filosofia e toda a filosofia pré-socrática: a doxografia é, portanto, alguma coisa de primeiríssima importância. E, no entanto, é também alguma coisa de radicalmente não fiável. É impossível, impossível por razões ao mesmo tempo de contingência e de estrutura, operar em doxografia a separação entre o fato e a ficção. Em outras palavras, não sem ela, mas nada com ela – nada querendo dizer: não uma coisa que se sustente. Com a doxografia mergulhamos em plena modernidade nietzschiana; pois, com a doxografia, somos obrigados a constatar que não há fatos, mas apenas interpretações e interpretações de interpretações. Nietzsche era, aliás, muito precisamente contemporâneo do momento da filologia alemã em que se constituiu o objeto doxográfico, tendo sido, ele próprio, o maior comentador de Diógenes Laércio, *o* doxógrafo por excelência.

Com a doxografia, o problema da transmissão é colocado como um problema hermenêutico, é uma questão de sentido muito mais que uma questão de verdade. E o sentido não cessa de oscilar entre sentido de menos e sentido demais [*pas assez et trop de sens*]. Para explicá-lo me servirei de dois pedaços de textos que não são textos doxográficos, mas que se aplicam perfeitamente à doxografia. O primeiro é de Flaubert, em *Bouvard e Pécuchet*:

> Eles copiam ao acaso tudo aquilo <os papéis> que encontram – envelopes de tabaco, jornais velhos, cartazes, livros rasgados, etc. – (pedaços verdadeiros e pastichados típicos em cada gênero. – Idiotas!).
>
> Depois sentem necessidade de uma classificação, <eles> fazem quadros, paralelos, antitéticos como "crime dos reis e crime dos povos" – bondades da religião, crimes da religião – Belezas da história, etc. Mas algumas vezes ficam incomodados em colocar a coisa em seu lugar <e eles têm> peso na consciência – Vamos! Sem reflexões! Copiemos mesmo assim! É preciso que o quadro <a página> fique

cheio – igualdade de tudo do bem e do mal – do bem
<farsa> e do mal <sublime> – do Belo e do Feio – do
insignificante e do sublime <característica> Exaltação da
estatística <não há senão Fatos> fenômenos.
Alegria final e eterna.
[...]
Terminar com a visão dos dois homens debruçados sobre
suas escrivaninhas, escrevendo.[12]

Eis a doxografia, por um lado. É preciso, portanto, encontrar o sentido. Em todo caso, supondo que exista um, ele não pertence ao doxógrafo – "Vamos, sem reflexões, copiemos mesmo assim!" –, e tanto melhor, já que os copistas, quanto menos eles sabem, menos eles corrigem.

Mas eis a doxografia, por outro lado, paralisada pelo excesso de sentido, tendo como referência biografias e eponímias exacerbadas por Charles Nodier:

Tenho horror dessas ficções sem naturalidade, em que o nome da personagem principal indica de antemão o tema e o objetivo da narrativa, sem consideração pela ilusão que lhe dá todo o seu charme.

E que interesse você quer que eu tenha pela morte de um Hipólito, pelos infortúnios de Édipo e pelos combates de Diomedes, quando estou tão bem advertido de que o primeiro morrerá vítima de seus cavalos furiosos, que os pés inchados do segundo terão sido atravessados na juventude por alguma correia ensanguentada e que o terceiro está nominalmente predestinado a triunfar dos próprios deuses?
[...] Não tenho objeção a fazer contra Nícias, pois parece que foi por causa de seu nome que ele foi levado ao comando da guerra da Sicília.

---

[12] FLAUBERT, G. *Bouvard et Pécuchet*. Edição crítica precedida de seminários inéditos, por Alberto Cento. Napoli: Istituto Universitario Orientale; Paris: Pizet, 1964, p. 14, 116. [Ed. bras.: FLAUBERT, G. *Bouvard e Pécuchet*. Tradução de Marina Appenzeller. São Paulo: Estação liberdade, 2007.]

Mas [...] que crítico judicioso seria crédulo o bastante para adotar a individualidade de um escritor conciso, quase enigmático, cuja arte consiste em esconder muitas ideias sob poucas palavras, e que se chamasse Tácito?
[...] Invenções de estudiosos preguiçosos que se livram sabiamente dos tédios do ofício compondo clássicos latinos para o uso da posteridade ignorante.[13]

De que é constituído, exatamente, esse objeto paradoxal que é a doxografia? No fundo, a doxografia é um cafarnaum, essa é sua primeira e talvez melhor definição. São apenas pedaços, fragmentos, citações, partes de obras encerradas num todo estrangeiro: *placita*, trechos escolhidos. O material doxográfico é infinitamente variado: desde os dicionários – como a *Suda*, esse dicionário que durante muito tempo foi entendido como sendo um homem chamado Suidas – e outros léxicos, manuais retóricos ou tratados de estilo, todos ricos de exemplos, até os resumos, comentários detalhados ou críticos, como aqueles de Simplício, que são tecidos com citações e comparações, passando pelas biografias, essas vidas cheias de piadas engenhosas, de anedotas e de compilações parafrásticas. Todo esse cafarnaum tem como traço comum o fato de que se trata de inserir corpos estrangeiros exemplares numa totalidade orientada, mas cujo sentido não é evidente.

Os pais, na origem da doxografia, são, sem dúvida, Platão e Aristóteles. Com Platão e Aristóteles fica claro que o que eles dizem dos autores do passado é apropriado a outros fins e relacionado com suas próprias filosofias. Por exemplo, no *Sofista*, Platão fala das Musas da Jônia e da Sicília e faz a primeira doxografia segundo o modelo: "Um diz que..., o outro que..., mas entre nós, gente eleática proveniente de Xenófanes... dizemos que"[14] –

[13] NODIER, C. *Histoire du roi de Bohème et de ses sept châteaux* [1830]. Paris: Plasma, 1979, p. 47-50.

[14] PLATÃO. *Sofista*, 242cd.

todas são disparidades das quais ele se serve para mostrar que o ser, tão conhecido, é o mais aporético dos gêneros.

Aristóteles é o segundo pai da doxografia, ou o pai disso de que Platão seria o genitor. Ele reestrutura todas as opiniões de seus predecessores e começa suas obras por uma aporética sistemática em que ele explora pouco a pouco, uma a uma, como no início da *Física*, todas as divergências e dificuldades. (Um ou vários princípios? Pensados como imóveis ou em movimento?) Ele as utiliza como algo que dá mais valor ao que ele diz, por contraste, e onde ele encontra o que quer e no qual se apoia para mostrar o aristotelismo da pluralidade em movimento.

É assim que tanto Platão quanto Aristóteles escrevem as opiniões dos outros em suas próprias obras. De maneira análoga, mas com uma amplitude bem diferente, ao final do movimento doxográfico, reina a obra filosófica que insere por necessidade interna o maior número desses pedaços: a de Sexto Empírico, o cético. Pois um cético deve usar todos os recursos para demonstrar a isostenia, ou seja, que a força das opiniões é igual – não mais isso do que outra coisa, não mais assim do que de outra maneira, *ouden mallon* – a fim de concluir com a suspensão do julgamento. E, certamente, uma certa verdade filosófica da doxografia está assim incluída no ceticismo.

Um cafarnaum, portanto, mas por um viés apenas. Pois a doxografia é também um gênero como outros. De fato, há pessoas que se dizem e que são ditas doxógrafas. Não se diz que Platão seja um doxógrafo, assim como não se diz que Aristóteles ou Sexto Empírico o sejam, ainda que haja doxografia em suas obras. Em contrapartida, há certo número de autores que são qualificados tradicionalmente de doxógrafos – eu desconfio, e vocês vão compreender imediatamente por quê.

Os doxógrafos são aqueles que quiseram, em princípio, fazer obra doxográfica, e pronto: não filosofar em seus próprios nomes, mas recolher, organizar e transmitir informações relativas à filosofia. O problema, evidentemente, é fazer a distinção entre a doxografia como fonte, como catálogo, como informação objetiva, e a doxografia como tipo de obra, como maneira de informar a informação, como deformação. Como compreender a que interesse a classificação e a seleção obedecem, como detectar o princípio organizador de uma obra doxográfica?

O fundador da doxografia enquanto gênero, dizem – "dizem", *phêsin*, é *o* verbo doxográfico por excelência –, dizem que é Teofrasto, o sucessor de Aristóteles à frente do Liceu, e é por isso que se supõe, em geral, que a (de)formação das informações é de tipo aristotelizante. Mas essa frase é tanto mais doxográfica na medida em que a obra de Teofrasto, aquela, portanto, que se supõe constituir a primeira obra doxográfica, as *Phusikôn doxai*, *As opiniões dos físicos* (ou dos "naturalistas", dos "filósofos da natureza"), está perdida. Perda paradigmática. E como! Por quê? Porque a doxografia, enquanto gênero pleno, é, sobretudo, um artefato filológico.

A origem como montagem

De fato, a doxografia, tal como ela é para nós, também um efeito de moda cientifico,[15] resume-se a um nome de autor, Hermann Diels. E a um livro, os *Doxographi Græci*, publicado em Berlim, em 1879.

---

[15] *Effet de mode* (efeito de moda) define um tipo de conduta grupal em que os indivíduos se comportam como "*moutons de Panurge*", ou seja, pessoas que se apressam a imitar, a seguir certos comportamentos. A expressão é oriunda do célebre capítulo do *Quart livre*, em que Rabelais descreve a vingança de Panurge contra o negociante Dindenault: um carneiro lançado ao mar, todos os outros o seguem, e o último deles arrasta o infeliz comerciante que tenta detê-lo (cf. REY, A.; CHANTREAU, S. *Dictionnaire des expressions et locutions*. Paris: Le Robert, 1993). Em outras palavras, *effet de mode* refere-se aos indivíduos que aderem automaticamente aos fatos ou às ideias de uma maioria. (N.T.)

AETII PLAC. I 3 1

PLUTARCHI EPIT. I 3 STOBAEI ECL. I 10 12

σις. ἁμαρτάνει οὖν ὁ Θαλῆς στοιχεῖον
καὶ ἀρχὴν λέγων τὸ ὕδωρ.

ζ. Περὶ ἀρχῶν τί εἰσιν. ⟨Περὶ ἀρχῶν.⟩

E XIV 14 1

5 Θαλῆς ὁ Μιλήσιος ἀρχὴν τῶν ὄντων ἀπεφήνατο τὸ ὕδωρ. [δοκεῖ δὲ ὁ
ἀνὴρ οὗτος ἄρξαι τῆς φιλοσοφίας καὶ
ἀπ' αὐτοῦ ἡ Ἰωνικὴ αἵρεσις προσηγο-
ρεύθη· ἐγένοντο γὰρ πλεῖσται διαδοχαὶ
10 φιλοσοφίας. φιλοσοφήσας δὲ ἐν Αἰ-
γύπτῳ ἦλθεν εἰς Μίλητον πρεσβύτερος.]
ἐξ ὕδατος γάρ φησι πάντα εἶναι καὶ
εἰς ὕδωρ πάντα ἀναλύεσθαι. στοχάζεται δὲ ἐκ τούτου πρῶτον, ὅτι πάντων
15 τῶν ζῴων ἡ γονὴ ἀρχή ἐστιν ὑγρὰ
οὖσα· οὕτως εἰκὸς καὶ τὰ πάντα ἐξ
ὑγροῦ τὴν ἀρχὴν ἔχειν. δεύτερον, ὅτι
πάντα τὰ φυτὰ ὑγρῷ τρέφεται καὶ
καρποφορεῖ, ἀμοιροῦντα δὲ ξηραίνεται.
20 τρίτον, ὅτι καὶ αὐτὸ τὸ πῦρ τὸ τοῦ ἡλίου
καὶ τῶν ἄστρων ταῖς τῶν ὑδάτων ἀναθυμιάσεσι τρέφεται καὶ αὐτὸς ὁ κόσμος.

Θαλῆς ὁ Μιλήσιος ἀρχὴν τῶν ὄν- 1
των ἀπεφήνατο τὸ ὕδωρ, ἐξ ὕδατος
γάρ φησι πάντα εἶναι καὶ εἰς ὕδωρ
πάντα ἀναλύεσθαι. 5

στοχάζεται δὲ πρῶτον ἐκ τούτου,
ὅτι πάντων τῶν ζῴων ἡ γονὴ ἀρχή
ἐστιν ὑγρὰ οὖσα. οὕτως εἰκὸς καὶ
τὰ πάντα ἐξ ὑγροῦ τὴν ἀρχὴν ἔχειν.
δεύτερον, ⟨ὅτι⟩ πάντα φυτὰ ὑγρῷ τρέ- 10
φεται καὶ καρποφορεῖ, ἀμοιροῦντα δὲ
ξηραίνεται. τρίτον, ὅτι καὶ αὐτὸ τὸ
πῦρ τὸ τοῦ ἡλίου καὶ τῶν ἄστρων
ταῖς τῶν ὑδάτων ἀναθυμιάσεσι τρέφεται καὶ αὐτὸς ὁ κόσμος. 15

1 ὁ (A)C: om. B ‖ 2 τὸ αὐτὸ Budaeus
probante Xylandro et Wyttenbachio cf. Prol.
p. 57. 180 ‖ 3 περὶ ἀρχῶν AB: περὶ τῶν ἀρχῶν C et Psell. de omnif. d. c. 60 ‖ τί εἰσιν
om. C ‖ 5 Μιλήσιος εἰς τῶν ἑπτὰ σοφῶν E cf.
Prol. p. 8 ‖ 6 εἶναι ante τὸ inserit E cf. Iust. ‖
Plutarchi emblema δοκεῖ — πρεσβύτερος notavi
Prol. p. 61 ‖ 10 φιλοσοφίας om. E: τῆς addit
ante φιλοσοφίας C ‖ 11 πρεσβύτερος ante ἦλθεν E ‖ 12 ἐξ ὕδατος γάρ Iustin. cf. [Plut.]
Strom. 1: ἐξ ὕδατος δὲ E: ὃς ἐξ ὕδατος (A)BC
— de fonte Aëtii cf. Prol. p. 179. 220 ‖ 14 ἐκ
om. B ‖ πρώτου E ‖ 15 τῶν ζῴων (A)C: om.
B: τῶν om. E ‖ 16 οὖσα ABC Iustin:
οὐσία E [CDFGI] ‖ 17 ὅτι om. E ‖ 18 τε καὶ
E ‖ 20 τρίτον δὲ ὅτι E ‖ τὸ τοῦ ἡλίου EB: τὸ
om. AC ‖ 21 καὶ τῶν E: καὶ τὸ τῶν (A)BC

1 titulum excerpsi ex pleniore c. 10 περὶ
ἀρχῶν καὶ στοιχείων καὶ τοῦ παντός.
6 δὲ πρῶτον Iacobs: δ' δεῖ [corruptum
olim ex δὲ ᾱ] A
8 οὐσία A casu consentiens in mendo cum
Eusebii codd.
10 ὅτι om. A [ut Euseb.]: add. Heeren
14 ὑδάτων C: θυμιαμάτων F

TESTIMONIA PLUTARCHI
3 1 [Iustin.] coh. ad gent. 3 Θαλῆς
μὲν γὰρ ὁ Μιλήσιος ὁ πρῶτος τῆς φυσικῆς
φιλοσοφίας ἄρξας ἀρχὴν εἶναι τῶν ὄντων

Reprodução da p. 276 dos *Doxographi Græci* de Diels.

Sim, é grego. Mas pouco importa por enquanto que o leiamos ou não, pois o interesse dessa página é a sua estrutura: duas colunas paralelas e um nome acima de cada coluna, Plutarco, Estobeu. A doxografia se constitui visivelmente a partir de uma comparação de vários textos, cujas semelhanças dedicamo-nos a extrair. Uma observação, em tempo: eu disse "Plutarco", mas a coisa continua; pois não se trata de

Plutarco, mas de um "Pseudo-Plutarco": não se sabe quem é nem quando ele escreveu.[16] Quanto à outra coluna, trata-se certamente de Estobeu (que vivia, por sua vez, no século IV d.C.), mas, dessa vez, é o título do capítulo das *Eglogae physicae* que se encontra entre aspas angulares: <*Peri arkhôn*>, "Sobre os princípios", pois ele foi acrescentado para corresponder ao título que se tem do autor que não se tem (*Peri arkhôn ti eisin*, "Sobre os princípios, quais são eles").

As duas colunas estão reunidas no alto de cada página por uma chave que fica abaixo da simples menção de um título e de um nome: *Aetii Placita*. A chave está ali para significar que as semelhanças entre Plutarco e Estobeu permitem reconstituir, de fato se não de direito, um texto-fonte, o texto de Aetius, que eles teriam lido ou saqueado, com dois séculos de distância. O ponto de interseção entre Plutarco e Estobeu, o que resta de Aetius, não aparece, finalmente, senão como um branco entre duas colunas paralelas, e um nome fora do texto. Pois Aetius ninguém sabe quem é. Não somente seu texto foi perdido, como também encontramos seu nome mencionado apenas uma vez, por Teodoreto.[17] Aetius é um desconhecido, não é mais do que uma hipótese de Diels. Mas, Aetius, vocês entendem o que isso quer dizer? "Aetius": construído sobre *aitia*, a "causa"! Impossível não ouvir Charles Nodier zombando. Ninguém acredita em um escritor que se chama Tácito e que se cala. Vocês acreditam em um escritor que se chama Aetius que é a causa de vários

---

[16] Cf. DIELS, H. Prolegômenos. In: *Doxographi Græci*, 1879, p. 1-40. Sem dúvida, essa *Epitomê*, "O resumo das opiniões", data do século II. Que "Plutarco" usurpe o nome do nobilíssimo autor pode se reconhecer também em *Stromates* através de um sintoma bastante seguro: o hiato ("A sutileza da matéria e a irregularidade da forma, que se percebe, sobretudo, pela frequência do hiato, trazem os índices mais evidentes da fraude". DIELS. Prolegômenos, p. 156, tradução nossa).

[17] DIELS. Prolegômenos, p. 45 e seguintes.

textos e a fonte maior de nossos pré-socráticos? Quanto ao texto mesmo desses *Placita*, ninguém o tem, e uma série de operações da alçada do cirurgião, do detetive e do moralista permite, sobretudo, falar deles: Diels imagina a sua forma após ter coligido os membros desconjuntados e mal aglutinados para reduzi-los à ordem correta, contado com a preguiça dos copistas e desmontado as fraudes e as astúcias monótonas de compiladores.

Mas a problemática das fontes é desesperadamente imparável, e Diels prossegue em seu retorno às origens. Esses *Placita*, que são datados do século I d.C., não são, levando-se em consideração novas concordâncias, senão vestígios de um texto ainda mais perdido: as *Vetusta Placita*, escritas um século antes, na época de Posidônio e do Médio Pórtico,[18] das quais nada podemos dizer a não ser que foram escritas nesse período. Ainda falta procurar a fonte das *Vetusta Plácida*, o que, segundo uma confissão do próprio Diels, é da esfera de um procedimento de descobridor de fontes [*sourcier*] e de feiticeiro [*sorcier*] – da esfera da "fonteçaria" [s*ourcellerie*].[19] Assim, o filólogo chega a alcançar Teofrasto, aquele que ele nomeia de maneira tão bela como "primeiros lábios", e o texto-origem da doxografia como gênero, essas *Opiniões dos físicos* que, inspirando-se em seu divino mestre e por não continuar a pensar, Teofrasto teria conservado para os bons

---

[18] Referência ao médio estoicismo. Do grego *Stoá*, "pórtico", em referência ao Pórtico Pintado na ágora de Atenas em que Zenão de Cítio ensinou a sua filosofia. (N.R.)

[19] "Quanto mais se remonta da época dos compiladores em direção às próprias fontes, mais difícil e cheia de dúvidas se torna a questão. Pois, de Plutarco a Estobeu, passamos, por uma razão segura, a Aetius, depois, por conjectura provável, separamos os antigos *Placita* da profusão restante dos extratos. Mas, no momento, se procuramos avançar, é preciso, com o maior cuidado, prestar atenção para que o fogo da adivinhação não nos leve para essa margem que dizem ser habitada pelos sonhos" (DIELS. Prolegômenos, p. 241).

cuidados das futuras gerações. Texto-origem evidentemente perdido, e modelado por Diels, seguindo, nisso, o seu mestre Usener, apesar da diversidade dos títulos transmitidos, como uma obra enfim única.[20]

Teofrasto é, de fato, o primeiro escritor doxográfico, mas nem por isso ele está no final do percurso de Diels. Pois a doxografia não é, para Diels, o fim da doxografia. Os *Doxographi Græci* de 1879 são o meio ou o instrumento de uma coletânea ainda mais próxima da origem: os *Fragmentos dos pré-socráticos*, publicados por Diels em 1905, que constituem até hoje nossa Bíblia pré-socrática, cujas restaurações, a começar pela de Kranz, fazem-se somente de modo marginal. As duas reconstruções estão exatamente encaixadas: extrair-se-á, por exemplo, da página acima, que é uma página que compara passagens que dizem respeito às opiniões de Tales, para além da reconstituição da frase e da sistemática teofrasianas, o que deve ter dito Tales, o que ele verdadeiramente disse. E os *Fragmentos dos pré-socráticos* recolherão essas reconstituições num capítulo "Tales", em que se poderá distinguir os fragmentos A, que remetem a testemunhos, e os fragmentos B, a própria

---

[20] A lista das obras de Teofrasto, apresentada sob suas diferentes versões, ocupa várias páginas das *Vidas*, de Diógenes Laércio (V, 42-50), mas a única obra dele que chegou "diretamente" até nós é um fragmento de uma delas solto desde a época alexandrina: os 91 parágrafos do *Tratado das sensações*. A unidade dos *Phusikôn* ou *Phusikai doxai* se desenha somente através da reconstituição de Diels-Usener, que será seguida por outras tentativas de filólogos mais "científicos", tal como Jaap Mansfeld, infelizmente acostumado com um positivismo do desprezo (para um eco dessas discussões, incidindo sobre o exemplo do *De Melisso Xenophane et Gorgia*, ver CASSIN, B. *L'Effet sofistique*. Paris: Gallimard, 1995, p. 121-128). O estudo de referência sobre Diels e a doxografia antiga é doravante MANSFELD, J.; RUNIA, D. *Aëtiana. The Method and Intellectual Context of a Doxographer*. v. I: *The Sources*. Leyde: Brill, 1997; v. II.1-2: *The Compendium*. Leyde: Brill, 2009; v. III: *Studies in the Doxographical Traditions of Ancient Philosophy*. Leyde: Brill, 2009.

letra dos dizeres de Tales: as citações certificadas como exatas do grande pré-socrático ele mesmo.

Tal é, para nós, a arquitetura da filosofia pré-socrática. É até mesmo a construção-modelo para o nosso conhecimento de todas as obras perdidas, isto é, reencontradas.

Compreendamos que a doxografia funciona de perda em perda. Importa perder tudo o que difere para fixar uma identidade, por mais reduzida que ela seja. A função da "fonteçaria" [*sourcellerie*], essa bruxaria de "descobridor de fontes" [*sourcier*], é compor a cadeia divinatória: Plutarco/Estobeu: "Aetius: "*Vetusta Placita*: 'Teofrasto''''". Temos somente Plutarco e Estobeu, que retomavam Aetius, que retomava as *Vetusta Placita*, que se inspiravam, talvez, em Teofrasto. E eis que Teofrasto citava Tales. Como se o aparecimento de um elo novo assinalasse no mesmo instante a perda do precedente.

Compreendamos também, e isso está evidentemente relacionado com o que foi dito, que o ideal de Diels, o ideal da doxografia que ele fabrica, é o copista: o modelo é sempre a exatidão da repetição. Para Diels, o filólogo, a doxografia é uma repetição de informações cujo valor é, exatamente como o de um manuscrito, função da proximidade com a origem e da neutralidade ou do apagamento dos intermediários.

Borges via com exatidão: a forma moderna do fantástico é a erudição.

A exatidão literal

O fim dos fins é, portanto, a extração das citações. Ora, o horror é que a citação é inatribuível. Como fazer para colocar as aspas? As aspas não existem em grego, falta, certamente, um impressor Guillaume (Guillaume, epônimo de "*guillemets*" [aspas]) para colocá-las ali; mas, mais radicalmente, por causa dos costumes antigos concernentes à citação. A citação é, de direito, uma apropriação, e a frase citada – se ainda podemos dizê-la assim – é modificável, cortável e suturável sem pudores para que sua sintaxe e até mesmo o seu sentido se ajustem ao contexto que impõe seu direito leonino. Toda a literatura grega é palimpséstica, todo texto é um texto de textos, a começar pelo texto-origem preconizado por Heidegger, o *Poema*, de Parmênides, que retoma em seu cerne, quando se trata de descrever a esfera do Ser, as próprias palavras das quais Homero se serve na *Odisseia* para descrever Ulisses passando ao largo das Sereias amarrado a seu mastro.[21] "A mão e seu dedo indicador devem se encontrar em algum lugar. Frequentemente, uma única partícula é uma indicação de citação escondida. Mas, certamente, é preciso, de início, ter-se transposto à mesma esfera daquele que discorre"[22]: Schleiermacher sublinha a que ponto a citação procede, então, não de uma filologia positiva, mas da história da arte.

Diels escolhe colocar as aspas *nominatim*,[23] ali onde o nome aparece. Mas, pensando bem, a única certeza, local, é a inversa: ali onde o nome aparece as aspas não têm seu lugar. *Nominatim*: quando se lê "Teofrasto diz que...", "como parece a Teofrasto", nos *Doxographi Græci*, ou "Tales afirma que", nos *Fragmentos dos pré-socráticos*, sabemos que essas palavras não são de Teofrasto nem de Tales, a menos que eles tenham tido, de tempos em tempos, uma escrita à *la* César. Em suma, é Diels quem decide. A diferença, em suas duas obras, entre caracteres sem espaços entre si e caracteres com espaços entre si compromete toda a história da filosofia, e a sua história. Em caracteres sem espaços entre si, os erros, as interpretações tendenciosas, tardias, que são glosas daqueles que citam. Ao contrário, as bruscas irrupções de caracteres com espaços entre si são os equivalentes

---

[21] Ver CASSIN. *Parménide. Sur la nature ou sur l'étant. La langue de l'être?*, p. 53-64.

[22] SCHLEIERMACHER, F. *L'Herméneutique générale, 1809-1810*. Traduction de Christian Berner. Paris: Le Cerf; PUF, 1987, p. 97.

[23] DIELS. Prolegômenos, p. 132.

das aspas e distinguem as citações. O Diels dos *Doxographi* o admite muito simplesmente: toda passagem admirável (*quanta est rerum gravitas, ordinis concinnitas, iudicii sagacitas*) cheira imediata e fortemente a Teofrasto (*nec fieri potest quin illico Theophrasti quasi quendam saporem sentias*).[24] Assim, o único critério da origem é a excelência. O único critério da excelência é o julgamento de Diels. E o julgamento de Diels é, quem sabe, muitas coisas, em suma.

A doxografia é, portanto, o objeto filológico que responde ao ideal de uma transmissão integral por repetição pura. A doxografia ideal não se distingue do copista ideal, que, ele próprio, não passa de um perfeito tipógrafo que tem como máquina uma mão adequada. Mediante isso, basta ao filólogo ser simples leitor, e nem mesmo míope ou ruminante, como queria Nietzsche. A troca de mão produz uma cópia, a retomada doxográfica produz uma citação. Mas na transmissão efetiva a letra é falha, e a citação é inexata, até mesmo nula. A doxografia construída por Diels é um fantasma, uma ficção: tal é o preço a pagar pela vontade de se apropriar da origem, Teofrasto ou Tales, primeiros lábios.

Em defesa de Diels, é preciso reconhecer que é a doxografia que induz, por si só, esse tipo de mal-entendido. É bem verdade que ela se apresenta como uma coletânea, um tesouro onde tudo é consignado e conservado para a posteridade. Isso é particularmente sensível no maior monumento doxográfico conservado, que é Diógenes Laércio. Para fixar as ideias, digamos que a doxografia apresenta dois grandes tipos: aquele, reconstruído por Diels, que remete a Teofrasto e concerne essencialmente aos dizeres, às teses e aos sistemas: as "opiniões", grande fornecedor de fragmentos B; e a tendência biográfica, que trata inicialmente das "vidas", fornecedor mais reconhecido de fragmentos A ou testemunhos (mas filtrando

---

[24] DIELS. Prolegômenos, p. 163.

também, claro, opiniões), da qual Diógenes Laércio fornece o exemplo mais fulgurante.

Da mesma forma que aprendemos com Diels o que é uma citação, ou melhor, o que ela não é, com Diógenes Laércio aprendemos o que é um fato, um fato doxográfico: assim como uma citação, ele é uma ficção significante, e mais precisamente a reificação de um sentido.

Sempre censuram Diógenes Laércio por não pensar, por se limitar às anedotas e às piadas. Assim, o prefaciador e tradutor de Diógenes Laércio, Robert Genaille – seu trabalho foi, felizmente, substituído há 10 anos por uma nova edição –, permitia-se apresentar a obra assim:

> [A obra de Diógenes Laércio apresenta] um defeito de proporção e de regularidade. Não há, para cada biografia, uma dosagem justa entre o estudo da vida, o das ideias, e a evocação das piadas... O lugar preponderante é dado às anedotas, que formam com as piadas o essencial da biografia dos Sete Sábios, e não podemos criticá-lo, pois tudo que deles se sabe é lendário. Mas elas têm também um lugar privilegiado no estudo dos cirenaicos, dos cínicos e dos céticos, filósofos cujas ideias nos interessavam mais.[25]

Ao lado disso, Lacan escreve: "a anedota, aqui como alhures, dissimula a estrutura".[26] Evidentemente, é à *la* Lacan que é preciso compreender Diógenes Laércio!

Tomemos por exemplo a vida de Tales. Tales é aquele cujas citações nos eram fornecidas pela página de Diels. Agora,

---

[25] DIOGÈNE LAËRCE. *Vies, doctrines et sentences des philosophes illustres.* Traduction de Robert Genaille. Paris: Garnier Flammarion, 1965. t. 1, Préface, p. 16. A comparar com DIOGÈNE LAËRCE. *Vies, doctrines et sentences des philosophes illustres.* Sous la direction de Marie-Odile Goulet-Cazé. Paris: Librairie Générale Française, 1999. (La Pochothèque).

[26] LACAN, J. Situation de la psychanalyse en 1956. In: *Écrits*, p. 474. [Ed. bras.: LACAN, J. Situação da psicanálise em 1956. In: *Escritos*, p. 477.]

sua vida, por Diógenes Laércio. Não há sequer um fio de anedota, a qual devemos entender de fato como a narrativa de um sonho, que não seja ficção significante. Parece que Tales não é nada além do sujeito da enunciação "água". "Ele supôs que o princípio de todas as coisas era a água."[27] Com isso, homenageia-se Tales com todos os objetos preciosos encontrados na água, um tripé, por exemplo, capturado pelas redes dos pescadores milesianos, passa de mão em mão até chegar a ele como sendo seu único destinatário possível. Todo mundo conhece a história de Tales, que sai de sua casa para ir contemplar os astros e cai num buraco, o famoso "poço" do *Teeteto*, de Platão, com a criada trácia hilária que, com as mãos nos quadris, olha do alto o filósofo incapaz de saber onde coloca os pés. Sabemos menos como ele se vinga: ele se vinga pela invenção do capitalismo. Ele prevê, graças aos seus conhecimentos astronômicos, que haverá uma seca e que a colheita de azeitonas será abundante; ele compra as prensas fora da estação, para criar um monopólio, a fim de alugá-las no momento oportuno pelo preço que quiser; inventando ao mesmo tempo o monopólio e a crematística, ele prova, diz Aristóteles, que "é fácil para os filósofos enriquecerem quando querem, mas não é esse o objeto de seu zelo".[28] Ele ganhou dinheiro com a meteorologia e a higrometria.

Sabemos como ele morreu? Ele morreu de fraqueza, assistindo aos jogos gímnicos, pois sentiu muito calor e teve muita sede. Concluo com isso que o nome de Tales é a ruga doxográfica na superfície da água. Podemos dizer, se preferirmos, que é um puro nome próprio, ou que ele se torna nome comum, como "Homero", perdendo a virtude de identificar

---

[27] DIOGÈNE LAËRCE. *Vies, doctrines et sentences des philosophes illustres*, I, 27.

[28] ARISTÓTELES. *Política*, I, II, 1259 a 6-23; cf. ARISTÓTELES. *Ética a Nicômaco*, VI, 7, 1141b.

– de identificar apenas um – com certeza. É ao mesmo tempo normal e notável que todas as doxografias, todas as vidas compostas por Diógenes Laércio, terminem com uma lista de homônimos. Imaginemos que a vida de Lacan por Élisabeth Roudinesco terminasse com uma lista de homônimos, ela teria, então, rivalizado com um *bios* doxográfico.

Eis, portanto, o que é uma anedota. O mesmo vale para tudo que o nosso bravo prefaciador podia censurar: faltar com o espírito crítico, não procurar onde está a verdade, contentar-se em justapor sem nenhum escrúpulo tradições heterogêneas e contraditórias – Fulano diz que Xenófanes é o filho de Beltrano, mas, segundo Sicrano, ele é o filho de Beltrano, nascido antes de Parmênides, depois de Parmênides, etc. Pois tudo isso implica, a cada vez, uma interpretação da filiação, por exemplo, uma certa relação doutrinal com o eleatismo. O fato, data de nascimento, não é um fato, mas o resto de uma operação complexa: a reificação de um sentido. Não se deve tratá-lo cronologicamente, historicamente, positivamente, mas concebê-lo como uma ficção, uma interpretação, e até mesmo como uma interpretação de interpretação, e interpretá-lo. Assim, as versões diferentes de uma mesma vida ou de uma mesma doutrina, no seio de um mesmo texto assim como de texto a texto, não são avatares inerentes à perda de informação ou lapsos de desatenção a não ser que se tomem avatar e lapso pelos sintomas que eles são. E não há, sem dúvida, uma única linha em toda a doxografia que não deva ser lida segundo essa ótica.

Para concluir com a doxografia e entrar em Lacan, a definição mais justa da doxografia me parece ser aquela de um processo de citação generalizada. O verbo doxográfico por excelência, eu já fiz essa observação, é *phêsin*, "dizem", "Diz-se que", "Fulano diz que..." ou "diz-se". Ora, a raiz do verbo *phanai* é *bha-*, que designa, como diz Benveniste, "especificamente a palavra como independente de quem a profere, e não enquanto ela significa, mas enquanto ela existe".[29] *Phanai*, diferentemente de *legein*, por exemplo, que quer dizer "querer dizer", apaga o sujeito falante e a intenção significante para deixar subsistir somente a "repetição da proposição". É o verbo que permite escrever a palavra dita, ao apagar a, pelo menos, dupla enunciação, a do doxografante e a do doxografado – ou da cadeia dos doxógrafos – por trás da identidade literal do enunciado. O enunciado se encontra escrito com essa escrita órfã exposta a Fedro, órfã, ou seja, que provém de uma filiação perdida, sem outro fiador ou responsável que não ela mesma.

Trata-se de uma citação generalizada na medida em que todo sujeito, atual ou não, aí se ausenta virtualmente: é o dizer na medida em que ele tem tudo para ser escrito, uma vez que o sujeito não está ali. A citação, *phêsin*, ele diz, vem assim como um *ersatz* da formalização, o substituto de uma escritura formal.

Mas a verdade não é mais então sustentada por ninguém. O sentido original não está disponível na letra, e não está, no entanto, disponível em nenhum outro lugar. É por isso que a citação deve ser transmitida literalmente: ela não vale nada, mas nada jamais terá o seu valor. As duas características da doxografia: pretensão à exatidão literal e manipulação ao infinito do sentido são, assim, asseguradas por sua fundação simultânea. Tal é a última palavra da doxografia. Ela encontra ressonâncias pertinentes quanto à transmissão da psicanálise lacaniana: a citação, em seu impossível próprio, não cessa de vir no lugar do matema. Não porque no mundo lacaniano estaríamos lidando com papagaios, mas porque o outro da

---

[29] BENVENISTE, É. *Vocabulaire des institutions indo-européennes*. Paris: Les Éditions de Minuit, 1970, t. II, p. 133. [Ed. bras.: BENVENISTE, É. *O vocabulário das instituições indo-europeias*. Campinas: Editora Unicamp, 1995, v. 2.]

citação, a saber, o matema, é ainda mais impossível, e qualquer que seja o desejo declarado de Lacan, talvez ainda menos desejável. "Se, então, a psicanálise tiver êxito, ela desaparecerá, e não passará de um sintoma esquecido."[30]

Transmissão – fixão/matema

Entreabramos a caixa de Pandora. Quais traços da Escola fundada e dissolvida por Lacan o conhecimento da doxografia pode sublinhar? Agruparei as pistas em duas séries que convergem sob um ponto admitido como capital: o da ficção. A ser escrito de uma vez por todas com um *x*: *fixão*, como Lacan em "O aturdito". Essas duas séries são o estatuto do ensino, por um lado, e o estatuto do fato e da verdade, por outro lado.

Comecemos pelo ensino. Interroguemos, a partir da doxografia, inicialmente, o que é uma Escola, a "Escola Freudiana de Paris". Tomemos, então, para nos ajudar, como contraponto, a descrição que Diógenes Laércio faz das Escolas em sua introdução.

Escola Freudiana de Paris. "Freudiana", o mestre tem um mestre; "de Paris", o lugar se opõe a outros lugares. Seja então o lugar: Paris. Trata-se, para Lacan, de deixar clara a diferença entre a linhagem francesa e a obediência anglófona, diferença explicitada no preâmbulo publicado após o Ato de Fundação.[31] Da mesma forma, Diógenes Laércio distingue também, já de entrada, duas linhagens por seus lugares: a

---

[30] LACAN, J. La Troisième [1974]. 7e Congrès de l'École Freudienne de Paris à Rome. Conferência publicada nas *Lettres de l'École Freudienne*, n. 16, 1975, p. 177-203, e recentemente editada por Jacques-Alain Miller em *La Cause Freudienne*, n. 79, 2011, p. 1-33, aqui p. 18. [Ed. bras.: LACAN, J. A terceira [1974]. *Opção Lacaniana*, São Paulo, n. 62, 2011, p. 11-36, aqui p. 18.]

[31] LACAN, J. Préambule. Prefácio ao *Annuaire de l'École Freudienne de Paris*, n. 1, 1965, incluído em LACAN, J. Acte de fondation. In: *Autres écrits*, p. 237. [Ed. bras.: LACAN, J. Ato de fundação. In: *Outros escritos*, p. 242.]

linhagem jônica e a linhagem itálica. Ora, essas linhagens ganham existência ou sentido somente em relação a mestres. Passemos, portanto, ao mestre. Cito *Mais, ainda*, de uma violência rara: "Marx e Lênin, Freud e Lacan não fazem par no ser. É pela letra que eles acharam no Outro que, como seres de saber, eles procedem dois a dois num Outro suposto".[32] Agora, Diógenes Laércio: "A filosofia conheceu duas origens [*arkhaí*]: uma que remonta a Anaximandro e outra, a Pitágoras. Anaximandro fora o ouvinte de Tales, ao passo que o mestre de Pitágoras fora Ferécides".[33] Notemos: falamos de Anaximandro e de Pitágoras, mas cada um teve um mestre. Diógenes prossegue: "A primeira linhagem foi chamada jônica, porque Tales, um jônico, visto que era originário de Mileto, foi o mestre de Anaximandro; a outra, itálica, a partir de Pitágoras, porque foi na Itália que este último exerceu a filosofia a maior parte do tempo". Observemos, na sequência dos acontecimentos ("Escola lacaniana?"), que a linhagem itálica é nomeada a partir do aluno (Pitágoras, e seu lugar: a Itália) e não a partir do mestre (Ferécides).

A identidade desses *topoi* tem por função sublinhar que a origem de uma escola é, ao mesmo tempo, uma ficção de origem. Como dizia Lacan na "Proposição de 9 de outubro de 1967" a propósito do artigo de Octave Mannoni e da análise original: "A verdadeira análise original só pode ser a segunda, por constituir a repetição que da primeira faz um ato, pois é ela que introduz o *a posteriori* próprio do tempo lógico...".[34]

---

[32] LACAN, J. *Encore*. Paris: Seuil, 1975, p. 89. [Ed. bras.: LACAN, J. *Mais, ainda*. 2. ed. corr. Rio de Janeiro: Zahar, 1985, p. 132.]

[33] DIOGÈNE LAËRCE. *Vies, doctrines et sentences des philosophes illustres*, Prologue, 13, trad. M.-O. Goulet-Gazé, p. 73.

[34] LACAN. Proposition du 9 octobre 1967 sur le psychanalyste de l'école, p. 253. [Ed. bras.: LACAN. Proposição de 9 de outubro de 1967 sobre o psicanalista da escola, p. 258.]

Segunda questão: o que é que se transmite em uma escola? O que é que passa? É preciso, aqui, partir novamente da citação para refletir sobre a oscilação entre citação literal e matema.

No que concerne à citação literal, Milner, em *A obra clara*,[35] propõe o termo *logion*, designando com isso uma proposição transmissível marcada por sua sintaxe a mais simples possível e por sua recorrência, por exemplo: "O inconsciente é estruturado como uma linguagem". Isso é puro Lacan, talvez o próprio Lacan. Da mesma forma, Tales é: "Tudo é água". Parmênides é: "Tudo é um". Protágoras é: "O homem é a medida de todas as coisas". A citação literal procede, assim, do bem-dizer, na medida em que ele passa – à posteridade.

O *logion* é substituído pelo matema: é o que Milner chama de segundo classicismo lacaniano.[36] Assim avança *Mais, ainda*: "A formalização matemática é nosso fim, nosso ideal. Por quê? Porque só ela é matema, quer dizer, capaz de se transmitir integralmente".[37] Essa vibração entre citação literal e matema encontra seu ponto de oscilação máximo em "O aturdito". Cito uma frase de "O aturdito", aquela em que aparece justamente o termo "fixão": "Do não-ensinável criei um matema por assegurá-lo pela fixão da opinião verdadeira – fixão escrita com x, mas não sem recorrer ao equívoco".[38] Não é impertinente nomear *doxa* um tal não-ensinável integralmente "fix(ion)ado". Milner concluirá precisamente que as turbulências institucionais da Escola Freudiana não procedem da crônica da corte, mas do próprio saber lacaniano, e que dissolver a escola foi também, em certo momento,

---

[35] MILNER, J.-C. *L'Œuvre claire*. Paris: Seuil, 1995. [Ed. bras.: MILNER, J.-C. *A obra clara: Lacan, a ciência, a filosofia*. Rio de Janeiro: Zahar, 1996.]

[36] MILNER. *L'Œuvre claire*, cap. IV.

[37] LACAN. *Encore*, p. 108. [Ed. bras.: LACAN. *Mais, ainda*, p. 161.]

[38] LACAN, J. L'Étourdit. *Scilicet*, Paris, n. 4, 1973, p. 39. [Ed. bras.: LACAN, J. O aturdito. In: *Outros escritos*, p. 484.]

dissolver o matema – "minha obstinação em meu caminho de matemas".[39] A dissolução nada tinha de uma anedota. Em idioma doxográfico: não há anedotas. Ou ainda: toda anedota é significante. Ou ainda: não há senão a anedota.

Terceira questão que procede do ensino: o que é um mestre?

Em toda a doxografia existe claramente oscilação entre uma presença real, Sócrates, por exemplo, invocado em sua singularidade indefectível, e um nome próprio, uma simples posição intercambiável com outras. Segundo Milner, mantém-se assim a oposição entre antiguidade e modernidade no que diz respeito à mestria: "Do mundo antigo ao universo moderno, a palavra mestre subsiste, mas ao preço de uma homonímia. O mestre antigo era mestre enquanto termo insubstituível [...] O mestre moderno só é tal porque ocupa uma posição na qual ele é infinitamente substituível por qualquer outro".[40] Eu penso, antes, que a doxografia mostra que o mestre antigo é, ele também, ou sempre já, caracterizado por essa oscilação entre uma presença feita de singularidades anedóticas, significantes e mágicas, e uma posição funcional, substituível, de seita em seita. Estão aí, acredito eu, dois aspectos de Lacan: o Lacan do Seminário, sua presença de mestre a discípulo, palavra, sabedoria, sabedoria/loucura para além do saber, e depois o mestre substituível, sujeito suposto (saber), em sua "posição" de mestre ("Salomão [...] é o mestre dos mestres, é o *metro*, um tipo do meu gênero"[41]); substituível- insubstituível até mesmo nas duas modalidades mais íntimas: o

---

[39] LACAN, J. Lettre de dissolution [1980]. In: *Autres écrits*, p. 318. [Ed. bras.: LACAN, J. Carta de dissolução. In: *Outros escritos*, p. 320.]

[40] MILNER. *L'Œuvre claire*, p. 125. [Ed. bras.: MILNER. *A obra clara: Lacan, a ciência, a filosofia*, p. 102.]

[41] LACAN. *Encore*, p. 104, citado por MILNER. *L'Œuvre claire*, p. 128. [Ed. bras.: LACAN. *Mais, ainda*, p. 156, citado por MILNER. *A obra clara: Lacan, a ciência, a filosofia*, p. 104.]

Lacan do Seminário, o melhor Górgias de sua época, com Deleuze, Foucault e Derrida numa rivalidade próxima, e o Lacan psicanalista, único em cada transferência, mas prestes a decair como um objeto *a* entre outros.

Por fim, uma última questão de ensino: o que é ser membro de uma escola? Na Escola Freudiana, exatamente como na doxografia, constata-se uma oscilação, e até mesmo uma negociação, entre seita e diadoquias.[42] Seita: é o efeito Bourbaki de Lacan. "Que o nome escola tenha sido escolhido de preferência ao nome Sociedade ou Instituto, isso se deve [...] a um elemento não trivial da doutrina"[43]: efeito Bourbaki enquanto virtude do anonimato intelectual coletivo. Ao contrário, as diadoquias colocam em cena, com os generais de Alexandre, uma sucessão de nomes próprios e de narcisismos inaugurando problemas de sucessão envenenados, no sentido assassino do termo. Isso explica o jogo eminentemente doxográfico, explorado por Milner, entre o esotérico e o exotérico, entre o falado, o escrito e o transcrito. Também aqui, o que há de novo, de moderno como na arte, é muito precisamente a tomada de consciência, uma maneira de retomar e de representar com palavras, que vem designar uma muito antiga e sempiterna estrutura para permitir a sua exploração.

A outra pista, ligada ao estatuto do fato e ao estatuto da verdade, é tão maciça que servirá ao mesmo tempo de ponto alto e de abertura.

A doxografia é o revelador da *diz-mens*ão [*dit-mension*][44] do fato, sob seus dois aspectos complementarmente lacanoides: por um lado, o fato é um *factum*, uma fabricação, uma ficção; por

---

[42] Do grego *diádokhos*, "sucessor", título dado a cada um dos generais que, após a morte de Alexandre, disputaram para ser o seu sucessor. (N.R.)

[43] MILNER. *L'Œuvre claire*, p. 128. [Ed. bras.: MILNER. *A obra clara: Lacan, a ciência, a filosofia*, p. 103-104.]

[44] *Dit-mension*: nesse neologismo forjado por Jacques Lacan, o dito (*dit*), o enunciado, é correlacionado com a palavra inglesa *mansion*, que significa

outro lado, essa ficção é discursiva, é um efeito de significante, sendo ela mesma significante, eficaz, produtora de efeitos.

A última palavra da conjunção "doxalítica" é a relação com a repetição: que se trate de aspas na diz-mensão. Serviria aqui "A carta roubada", que insiste no triplo filtro subjetivo da narração: narração pelo amigo de Dupin do relato pelo qual o prefeito faz Dupin ter conhecimento do relatório que a Rainha lhe terá feito... Estamos em pleno Diels, *Doxographi Græci*! "A carta roubada", puro significante, automatismo de repetição: "a verdade aí revela sua ordenança de ficção".[45] E "o parêntese duplicado", insiste Lacan, "é fundamental. Nós o chamaremos de aspas". É aqui, acrescenta ele, "que se esboça a questão da transmissão da experiência psicanalítica". E é assim que a doxografia trabalha "A carta roubada".

Mais, ainda o explicita a propósito dos Evangelhos, que contam a "historieta, a historinha do Cristo", a história de um homem que se designou como o Filho do Homem:

> Esses aí escrevem de tal maneira que não há um só fato que não possa ser contestado – Deus sabe que naturalmente meteram os chifres no pano vermelho. Nem por isso esses textos vão menos ao coração da verdade, a verdade como tal, mesmo inclusive o fato de eu enunciar que não se pode dizê-la senão pela metade. [...] Enunciei que a verdade é a diz-mensão, a mensão do dito [...] Para minorar a verdade como ela merece, é preciso ter entrado no discurso analítico.[46]

A caixa de Pandora está aberta, encontramos nela o que esperávamos?

---

maison (casa). Ou seja, o dito, o enunciado, é formado por significantes cuja sede (casa) é o lugar do Outro. (N.T.)

[45] LACAN. Le séminaire sur "La lettre volée", p. 17, 54, 44. [Ed. bras.: LACAN. O seminário sobre "A carta roubada", p. 19, 59, 49.]

[46] LACAN. *Encore*, p. 97-98, 100, 108. [Ed. bras.: LACAN. *Mais, ainda*, p. 146, 147.]

Como transmitir? A resposta de um doxógrafo que ama Lacan ou de um lacaniano que ama doxografia é: pela fixão. Tal é o momento incorrigivelmente doxográfico-linguageiro da transmissão lacaniana. O destino normal dos matemas, dos quais não se sabe o que querem dizer, é precisar da linguagem para se transmitir: "Esta é toda a claudicação da coisa". Por que a formalização matemática, a única a se transmitir integralmente, seria (ainda) nosso objetivo, nosso ideal, ao passo que para se transmitir e para subsistir ela precisa "da língua que eu uso"? A "objeção" (nenhuma formalização da língua é transmissível sem o uso da própria língua) convida, em todo caso, a se voltar para o uso da própria língua.

Minoremos, portanto, a verdade como ela merece.

SEGUNDA PARTE

A presença do sofista em nossa época

Tenho o sentimento de que a linguagem só pode realmente avançar ao se torcer e enrolar, ao se contornar de modo que, no final das contas, não posso dizer que não dou o exemplo aqui. Retirar a luva para a linguagem, [...] não se deve acreditar que eu o faça de bom grado. Preferiria que fosse menos tortuoso.

JACQUES LACAN. "A terceira"

Muthos/logos: os pré-socráticos e o "longo desvio aristotélico"

Freud habituou a "psicanálise", palavra das mais gregas, a uma certa Grécia: a do *muthos*, mito e narrativa, ficção-fixão, a Grécia dos Trágicos – Édipo, Electra, Antígona – e de sua interpretação, com a *Poética* de Aristóteles e sua *catharsis*. Por suas leituras próprias, suas referências de autêntica cultura alemã do final do século XIX e começo do século XX, ele encontra aí o que precisa no momento certo: Eros e Tânatos, o Amor e o Ódio de Empédocles. Ele conhece e se apropria. Mas, uma vez mais, seu mundo é o *muthos*, onde filogênese e Cabala podem avançar, em vez do *logos*: ele dispensa bastante soberanamente o *corpus* platônico-aristotélico, como, de maneira geral, o dos filósofos. Se ele conhece o cinismo, a sofística, o estoicismo, o epicurismo, o ceticismo, é como títulos para o saber, enquanto letrado. Em suma, ele possui os seus clássicos, finamente e de longa data, mas não mede forças diretamente com a filosofia.

Lacan faz seu diagnóstico, tal como uma faca de dois gumes, nos *Escritos*: "É que a análise, por progredir essencialmente no não-saber, liga-se, na história da ciência, a seu estado anterior à sua definição aristotélica, que se chama dialética. Do mesmo modo, a obra de Freud, por suas referências platônicas, ou mesmo pré-socráticas, traz o testemunho disso"[47]: Platão e os pré-socráticos, mas do lado *muthos*, dialética pré-aristotélica, e não Aristóteles, do lado *logos*.

É uma diferença importante em relação a Lacan, que não apenas se interessa, mas também intervém na filosofia como *logos* e na sua história, tão longa quanto imediata. A época de Lacan é filosófica, e ele ajuda a fazer a filosofia: estrutural, lógica, linguageira, discursiva e linguístico-virada.[48] Não que Lacan não incite à mais vasta cultura e não comente *Antígona* ou o *Banquete* a não ser enquanto analista e para a análise. Mas, de toda maneira, é o *logos*, na amplitude do termo revisitada pela análise, que passa para o primeiro plano.

Aristóteles, "o longo desvio aristotélico", representa uma reviravolta: Freud retorna, diz ainda Lacan, "àqueles de antes de Sócrates, a seu ver os únicos capazes de atestar aquilo que ele descobria".[49] Lacan não "retorna" a ninguém, ele estoca

---

[47] LACAN, J. Variantes de la cure-type [1953]. In: *Écrits*. Paris: Seuil, 1966, p. 361. [Ed. bras.: LACAN, J. Variantes do tratamento-padrão. In: *Escritos*. Rio de Janeiro: Zahar, 1998, p. 363.]

[48] No original, *linguistico-contournée*, provavelmente em referência ao *linguistic turn* que caracterizaria a filosofia contemporânea e, em especial, a filosofia analítica anglo-saxã. (N.R.)

[49] *"D'autres pas sots énonçaient de l'oracle qu'il ne révèle ni ne cache,* sêmainei, *il fait signe. C'était au temps d'avant Socrate, qui n'est pas responsable quoiqu'il fût hystérique, de ce qui suivit: le long détour aristotélicien. D'où Freud, d'écouter les socratiques que j'ai dits, revint à ceux d'avant Socrate, à ses yeux seuls capables de témoigner de ce qu'il retrouvait"* (LACAN, J. Introduction à l'édition allemande des *Écrits* [1973]. In: *Autres écrits*, p. 558). ["outros, nada tolos, enunciaram sobre o oráculo que ele não revela nem esconde: *sêmainei* – ele dá sinais [*fait signe*]. Isso foi na época anterior a Sócrates, que não é responsável, embora fosse histérico, pelo que veio depois: o

Aristóteles e usa de todos os recursos, inclusive daqueles de antes de Sócrates. Mas não exatamente os mesmos pré-socráticos que os de Freud.

Lacan e os pré-socráticos? Por um lado, Lacan entende os pré-socráticos de Freud ainda mais "pré-socraticamente" que Freud através de sua escuta heideggeriana; com isso, Heidegger o leva não ao *muthos*, mas ao *logos* pré-socrático, numa relação estreita com o "desvelamento" da *alêtheia* e a aurora da diferença ontológica. Por outro lado, e isso faz parte, a meu ver, de sua maneira decidida de tornar a filosofia menos ingênua, Lacan concebe certos pré-socráticos de modo totalmente diferente de Heidegger. Por exemplo, Heráclito: as traduções-reinterpretações do fragmento 93, heideggerianamente celebérrimo, ilustram perfeitamente o deslocamento lacaniano – Apolo "produz significante".[50] Simultaneamente, Lacan introduz outros no circuito, particularmente Demócrito, de quem Heidegger nunca soube o que fazer e que é, a meu ver, *o* pré-socrático lacaniano por excelência. Trata-se, tanto com Heráclito como com Demócrito, desses que eu chamo de "de outro modo

longo desvio aristotélico. Donde Freud, por escutar os socráticos de que falei, voltou aos de antes de Sócrates, os únicos, a seu ver, capazes de atestar o que ele descobriu" (LACAN, J. Introdução à edição alemã de um primeiro volume dos *Escritos*. In: *Outros Escritos*, p. 555).]

[50] *Ho anax, hou tou manteion esti to en Delphois, oute legei oute kruptei alla sêmainei* (22 B 93 DK). A seguir, duas traduções que diferem significativamente daquela dada na nota precedente: "Parmênides estava errado e Heráclito tinha razão. É mesmo o que se assinala no que, no fragmento 93, Heráclito enuncia – *ele não confessa nem esconde, ele significa* –, remetendo ao seu lugar o próprio discurso do manche – *o príncipe*, o manche, *que vaticina em Delfos* (LACAN. *Encore*, p. 103 [ed. bras.: LACAN. *Mais, ainda*, p. 157]), onde eu aprecio que Heráclito tenha razão contra Parmênides, ao passo que Heidegger os quer parmenidianos, tanto um quanto o outro, reveladores-originários. E a mais antiga, que eu prefiro por considerá-la a mais lacaniana: "Do príncipe, daquele a quem pertence o lugar da adivinhação, aquele que está em Delfos, ele não diz, ele não esconde, *ele produz significante*" (LACAN, J. Problèmes cruciaux de la psychanalyse, 17 de março de 1965, grifo meu).

pré-socráticos", ou seja, pré-socráticos irredutíveis à interpretação heideggeriana. Eles o são a tal ponto que Lacan pode deles se servir para fins lacanianos, como paradigmas do significante.

Será, portanto, pelo *logos* que me interessarei aqui. O *logos* dos Gregos, do qual o *muthos* se torna filosoficamente um subconjunto, "pode tudo": "A pretensão mais ilimitada de poder tudo, como retóricos ou como estilistas, atravessa toda a Antiguidade de um modo que nos é inconcebível", escreve Nietzsche em seu "Curso sobre a história da eloquência grega".[51] "Sofística" é o nome dessa pretensão. Eu considero que os sofistas, dos quais Lacan se serve muito pouco diretamente[52] – prisioneiro que é da ética platônica, ainda que ele a tome às avessas –, são os pré-socráticos-mestres quanto à inteligibilidade dos pré-socráticos não heideggerianos. A discursividade que eles fazem operar permite esclarecer (não dizemos "compreender") a de Lacan, ou certos traços decisivos da de Lacan. Ela esclarece simultaneamente o sentido do longo desvio aristotélico e a maneira como Lacan o administra.

A presença do sofista em nossa época

No final de "A análise finita e a infinita", Freud fala do "amor à verdade", definição clássica da filosofia, como estando no próprio fundamento da relação analítica que "exclui toda e qualquer aparência [*semblant*] e engodo [*leurre*]", e recomenda, então, após um final, que nos detenhamos um

---

[51] NIETZSCHE, F. *Nietzsches Werke.* Leipzig: Alfred Kröner, 1912. Band XVIII Philologica, Band II, p. 201 e seguintes, e p. 130.

[52] Remeto, para saudá-la, à tese defendida, mas ainda não publicada, de Elisabete Thamer, *Logologie et parlêtre: sur les rapports entre psychanalyse et sophistique dans l'œuvre de Jacques Lacan* (Paris-Sorbonne, 13 de dezembro de 2008), que comporta nos anexos a lista de todas as ocorrências de "sofista" (12) e de "sofística" (7) na obra de Jacques Lacan.

instante, ele e nós, leitores, para "garantir ao analista nossa sincera empatia".[53] Analisar é a terceira "profissão impossível", juntamente com educar e governar: no final das contas, três profissões de filósofos-reis. Uma nota em *Moisés e o monoteísmo* confirma a dificuldade ou a desconfiança: "Jamais se pôde afirmar que o intelecto humano possua aptidão particular em discernir a verdade, nem que ele tenha tendência especial em aceitar a verdade".[54]

"O psicanalista", pontua Lacan por sua vez, "é a presença do sofista em nossa época, mas com um outro estatuto."[55] *Jacques, o Sofista* é uma glosa dessa frase. Será preciso ver o que Lacan entende pelo nome "sofista", pelo nome "psicanalista" (e qual "o psicanalista" ele é), o que singulariza nossa época, o que diferencia os estatutos. Digamos, provisoriamente, que o campo compartilhado pela sofística e pela psicanálise lacaniana é o discurso em sua relação rebelde com o sentido, que passa pelo significante e pela performance, e a sua distância para com a verdade da filosofia. Nossa época é a do sujeito do inconsciente ligado à relação sexual que não existe, diferentemente do animal político grego, mas tanto um como o outro são, antes de tudo, viventes que falam. Quanto à alteridade dos estatutos daí decorrente, talvez ela seja dizível em termos de discurso como laço social, a ser negociado entre medicina e política, entre gozo e mestria. Em todo caso, é de discurso que se tratará o tempo todo.

---

[53] FREUD, S. L'analyse finie et l'analyse infinie. In: *Œuvres complètes.* Paris: PUF, 2010. v. XX, p. 50. [Ed. bras.: A análise finita e a infinita. In: *Fundamentos da clínica psicanalítica* [1937]. Tradução de Claudia Dornbusch. Belo Horizonte: Autêntica, 2017, p. 355.]

[54] FREUD, S. *Moïse et le monothéisme.* Traduction de Anne Berman. Paris: Gallimard, 1972, p. 173. [Ed. bras.: FREUD, S. *O homem Moisés e a religião monoteísta.* Tradução de Renato Zwick. Revisão técnica e prefácio de Betty Bernardo Fuks. Porto Alegre: L&PM, 2014, p. 174.]

[55] LACAN, J. Problèmes cruciaux de la psychanalyse, lição do dia 12 de maio de 1965. Inédito.

Filósofo/sofista? "Sabemos bem que 'para os filósofos, a questão sempre foi mais flexível e patética [...] eles querem salvar a verdade'".[56] Sejamos sensíveis às nuances: Freud tem uma terna simpatia por esse filósofo que ele (não) é e que (lhe) é "impossível" ser. Lacan lê, na união de Platão e do sofista no *Sofista*, "a palpitação atual, presente, na história do próprio psicanalista".[57] Freud, o maiêutico, ironiza, e Jacques, o Sofista, filosofistiza.[58]

Eu digo Jacques, o Sofista para evocar, evidentemente, *Jacques, o Fatalista*: "Se esquecermos a relação que existe entre a análise e o que chamamos destino, essa espécie de coisa que é da ordem da figura, no sentido em que essa palavra se emprega para dizer *figura do destino*, como se diz, igualmente, *figura de retórica*, isso quer dizer que esquecemos simplesmente as origens da análise, pois ela nem mesmo poderia ter dado um passo sem essa relação".[59] Jacques, o psicanalista, é, portanto, fatalista, estando em jogo a retórica, que constitui também o que está em jogo entre sofística e filosofia.

Mas ele é primeiramente Jacques, o Sofista de presença direta, arrastando atrás de si uma multidão, uma corte, um balé de jovens e de menos jovens estupefatos com as *epideixeis*, os seminários-performances, improvisados e não, os quais eu conheci na Rua d'Ulm, na sala Dussane transbordante, sussurrante com seu zumbido de vozes e repentinamente

---

[56] LACAN, J. *L'Envers de la psychanalyse* [1969-1970]. Paris: Seuil, 1991, p. 71. [Ed. bras.: LACAN, J. *O avesso da psicanálise*. Rio de Janeiro: Zahar, 1992, p. 59.]

[57] LACAN. Problèmes cruciaux de la psychanalyse, lição do dia 12 de maio de 1965. Inédito.

[58] Essa é uma expressão de Novalis, em seus *Fragmentos logológicos*. In: *Œuvres complètes*. Traduction de Armel Guerne. Paris: Gallimard, 1951, n. 15, p. 51.

[59] LACAN, J. *Le Transfert* [1960-1961]. Paris: Seuil, 2001, p. 376. [Ed. bras.: LACAN, J. *A transferência*. Rio de Janeiro: Zahar, 1992, p. 310.]

mais que silenciosa.[60] Efeitos de moda, amores loucos, amódios [*hainamorations*]. O zumbido da voz que se prolonga e se retém, audível inaudível à *la* Delphine Seyrig,[61] teve de ser descrito por Sócrates, no início do *Protágoras*, e melhor ainda por Filóstrato, em *Vidas dos sofistas*.[62]

Lacan filosofistiza ensinando a psicanálise: é um Górgias, que se vê ele próprio como Sócrates, na dialética pré-aristotélica do dois a dois, porque ele vê Sócrates como analista – Sócrates, "histérico perfeito, uma espécie de prefiguração do analista. Tivesse ele cobrado dinheiro por isso [...], teria sido ele um analista *avant la lettre* freudiano. Ou seja, um gênio!".[63] Analista, só que sem pagamento – o que não é sem importância, como veremos com o *logos-pharmakon*. Com a didática que garante o vínculo entre a *epideixis* e a caça aos jovens ricos. Acrescentemos, já que estamos tratando dos signos exteriores, as duas diferenças específicas sempre afirmadas, de Platão a Hegel: Sócrates, um ateniense/Górgias, um estrangeiro; Sócrates, que morreu pelo que disse/Górgias, que viveu pelo que disse. Lacan, então, uma vez do lado Sócrates, uma vez do lado Górgias: frente e verso da mesma folha de papel. Aqui encontramos a questão colocada no prólogo quanto à relação entre o discurso de Lacan, mestre de Escola, e a palavra ou o silêncio de Lacan analista. O vínculo "lógico" entre os dois, entre o desempenho dos seminários ou outros *Televisão* ("dar uma de palhaço", diz Lacan de seu desempenho) e o dois a dois vetorizado do par analítico, é que o mestre/o analista é suposto saber. Essa suposição que

---

[60] Como em Sainte-Anne, "havia ali não sei que sinal de toxicomania e de homossexualidade" (Cf. LACAN. *L'Envers de la psychanalyse*, p. 26 [ed. bras.: LACAN. *O avesso da psicanálise*, p. 23]).

[61] Atriz francesa que estrelou, entre outros, *O ano passado em Marienbad*, o clássico de Alain Resnais, de 1961. (N.R.)

[62] Ver *infra*, p. 69, nota 102; p. 84-88; p. 155.

[63] LACAN, J. Joyce, le symptôme [1975]. In: *Autres écrits*, p. 569. [Ed. bras.: LACAN, J. Joyce, o sintoma. In: *Outros escritos*, p. 565.]

constitui o nervo do semblante, semblante nervo do discurso, faz tomar o todo do lado Górgias, do qual Sócrates é o avesso dessuponente dessuposto.

De Freud a Lacan, teremos passado decididamente do amor à verdade ao discurso da verdade ("Eu, a Verdade, eu falo"), que seja a verdade *semi*-dita, mas, em todo caso, *dita*, fixionada pelo dizer que a produz como efeito lateral.

Nesse mesmo seminário, na lição do dia 12 de maio de 1965, após ter falado da "presença do sofista", Lacan lança dois pseudópodes: um contra o lógico-positivismo que vai "buscar o *meaning of meaning*" para "se precaver das surpresas da conjunção significante" e o outro para indicar a diferença maior para com o mundo grego: "De repente dei-me um tapa na cabeça dizendo: 'mas não há palavra grega para designar o sexo'".[64] A diferença de "estatuto" entre sofista e psicanalista e o ponto de impacto de "nossa época" devem ser buscado nisto: "Sabemos por que os sofistas ao mesmo tempo operavam com tanta força e também sem saber por quê. Essa grande força repousa nisto, que a análise nos ensina, a saber, na raiz de toda díade há a díade sexual, o masculino e o feminino". É, portanto, muito precisamente, a relação entre sentido e sexo que está em causa, e a boa maneira de considerá-la é a surpresa do significante.

Voltaremos a isso. Permitam-me operar de maneira concêntrico-dedutiva, fazendo círculos na água. Irei de efeito do *logos* em efeito do *logos*, partindo da borda externa, muito pouco lacaniana, para progredir em direção ao ponto de impacto: como se cuida (aí, disso); em seguida, como se significa (aí, disso); depois, como se (ih, ãh)[65] goza – sem jamais

---

[64] Uma questão que o surpreende [*frappe*], com efeito, pois em 11 de fevereiro de 1970 ele recomeça: "De repente perguntei a mim mesmo – mas como é que se diz *sexo* em grego?" (LACAN. *L'Envers de la psychanalyse*, p. 85 [ed. bras.: LACAN. *O avesso da psicanálise*, p. 70]).

[65] Barbara Cassin joga, no original, com as homofonias entre os pronomes franceses *y* e *en* (traduzidos por "aí" e "disso") e os sons *hi* e *han*

poupá-los das digressões turísticas da visita guiada de uma Grécia que poucos conhecem.

Do que a sofística é o nome, como se diz?[66]

Lacan, portanto, diferentemente de Freud, fala frontalmente de sofista e de sofística a propósito do psicanalista. Mas, sem dúvida, ele utiliza, e nós utilizamos, esses termos sem estarmos totalmente seguros quanto ao que eles querem dizer, como papagaios platonicoides. Pois é de Platão e do *Sofista* de Platão, nem mesmo do *Górgias*, do *Protágoras* ou do *Teeteto* – que, a meu conhecimento, ele não cita –, que Lacan extrai seu conhecimento de primeira, ou seja, no caso, de segunda, mão. "Durante essas pseudoférias debrucei-me sobre o *Sofista*. Devo ser muito sofista, provavelmente, para que isso me interesse. Deve haver ali algo que me prendeu. Não aprecio isso. Faltam-nos coisas para apreciar, falta-nos saber o que era o sofista nessa época, falta-nos o peso da coisa."[67] Parece-me igualmente indispensável injetar novamente aqui, para ter a inteligência da *presença* do sofista em nossa época, alguns textos dos próprios sofistas (me limitarei a Górgias, um pouco do *Tratado do não-ser* e um pouco do *Elogio de Helena*, que eu teria feito melhor se tivesse lido para Lacan).

Parece-me não menos indispensável trazer, no mesmo cesto, um outro que não Platão, a saber, Aristóteles. Platão é o *alter ego* oficial de Lacan, com transferência, *eidos* e matema – Platão, segundo Lacan, era lacaniano.[68] Mas Aristóteles,

---

(traduzidos por "ih" e "ãh"), que reproduziriam os gemidos do gozo. Em francês, *y* e *hi*, *en* e *han* se pronunciam do mesmo modo. É impossível reproduzir essa homofonia em português. (N.R.)

[66] Alusão ao ensaio de Alain Badiou, publicado em 2007, *De quoi Sarkozy est-il le nom?* (N.R.)

[67] LACAN. La Troisième, p. 12. [Ed. bras.: LACAN. A terceira, p. 12.]

[68] "O '*eidos*', que se traduz impropriamente por *a forma*, é algo que já nos permite a delimitação do que cria uma hiância no dito. Em outras palavras,

certamente não. Qualquer que seja o interesse de seus achados lógicos e qualquer que seja a afeição que Lacan lhe tenha (*Mais, ainda* pode ser lido como uma longa homenagem bastante diversificada), Aristóteles é, como iremos ver, estruturalmente um adversário. Diríamos que Freud, que flerta com o amor da verdade e se detém para se compadecer do analista-rei, é aristotélico, mais aristotélico que Lacan, e que Lacan, que sustenta o discurso da verdade e não cessa de aceitar ser suposto saber, é platônico, mais platônico que Freud. Mas, como é um Platão/Lacan segundo Aristóteles, segundo Nietzsche e não redutível a Badiou, ele se mostra definitivamente sofista.

Visto que atualmente somos aristotélicos, tendo sugado a decisão do sentido com o leite de nossa mãe, a "sofística" precisa ser definida. Partamos da definição dada pelo *Vocabulaire technique et critique de la philosophie*, de Lalande, que continua sendo a Bíblia dos aprendizes-filósofos franceses. Sua honestidade vale o desvio.

> Sofística, subst.
> A. Conjunto das doutrinas ou mais exatamente atitude intelectual comum dos principais sofistas gregos (Protágoras, Górgias, Pródico, Hípias, etc.).
> B. (Nome comum). Diz-se de uma filosofia de raciocínio verbal, sem solidez e sem seriedade.[69]

Sentido A/sentido B. Eis a sofística dividida entre duas definições. A singularidade da sofística é ser, como fato de história, um efeito de estrutura: "sofística" é um conceito

---

resumindo, Platão era lacaniano. Naturalmente, não podia saber disso. Além disso, era meio débil, o que não facilita as coisas, mas certamente o ajudou. Chamo de debilidade mental o fato de alguém ser um ser falante que não está solidamente instalado num discurso. É isso que valoriza o débil" (LACAN, J. ...*ou pire*. [1972]. Paris: Seuil, 2011, p. 131 [ed. bras.: LACAN, J. ...*ou pior*. Rio de Janeiro: Zahar, 2012, p. 127]).

[69] LALANDE, A. *Vocabulaire technique et critique de la philosophie*. Paris: PUF, 1926-2010.

filosófico, cujo modelo é, sem dúvida, fornecido pela prática real daqueles que se chamaram e a quem chamamos de sofistas, mas que serve para designar, em filosofia, uma das modalidades possíveis do não-filosofar. A definição B se faz tão magistral quanto misteriosa para designar intemporalmente a sofística, nome comum, como "uma filosofia de *raciocínio verbal*, sem solidez e sem seriedade". Olhem para a minha cara de livro negro![70]

O ponto de soldagem platônico consiste em fundir a sofística enquanto realidade histórica com o artefato antifilosófico produzido pela filosofia. O sofista é o *alter ego* negativo do filósofo, seu mau outro. Eles se parecem, segundo a observação do Estrangeiro no *Sofista*, "como o lobo se assemelha ao cão, o mais selvagem ao mais domesticado".[71] Mas não se sabe na letra do próprio texto quem é o lobo e quem é o cão – é precisamente o ponto de ironia sofístico-platônico mostrar como a identidade-joão-bobo é aniquilada logo após ser atribuída. Ao se medir a sofística a partir do ser, da verdade e do bem, é preciso condená-la como pseudofilosofia: filosofia das aparências e aparência da filosofia, "aparência e engodo", dirá Freud. Nessas condições, e é exatamente isso que aflora no *Sofista* para perturbar sua estrita organização, o artefato é, por sua vez, produtor de filosofia.

Uma escuta sofístico-analítica da história da filosofia: performance e homonímia

O que o sofista tem de singular (e Sócrates tem isso de sofístico) é que ele ouve: "os ouvidos lhe servem de olhos"[72] ("Ele te parecerá alguém que absolutamente não tem olhos",

---

[70] Alusão ao estilo de publicação que remonta a *O livro negro do comunismo* (1997) e que inspirou diversos livros na mesma linha, por exemplo, *O livro negro da psicanálise* (2005). (N.T.)

[71] PLATÃO. *Sofista*, 231 a.

[72] HIMÈRE. *Discours* X, "Que les oreilles vous servent d'yeux". [Orador da Segunda Sofística: Himeros. (N.R.)]

diz Platão no *Sofista*). Ele não cessa de prender o outro à palavra, ao pé da letra mesmo, e força assim o filósofo a prestar ouvidos a si mesmo.

A filosofia é filha do espanto, e, conforme a primeira frase da *Metafísica*, "todos os homens desejam naturalmente saber". Portanto, "aqueles que se colocam a questão de saber se é preciso ou não honrar os deuses e amar os seus pais precisam somente de uma boa correção, e aqueles que se perguntam se a neve é branca ou não só precisam olhar".[73] O sofista exagera: já que nada é adquirido além do dizer do outro, ele coloca sempre, como Protágoras ou Antifonte, uma questão a mais, ele extrai sempre uma consequência a mais. Essa insolência ou essa indecência consegue colocar a filosofia literalmente fora de si, obriga o amor à sabedoria a transgredir os limites que ela se atribui e a realizar um certo número de gestos – tirar o porrete [*sortir le bâton*] – que não são da mesma ordem que o resto de seu modo de proceder: a sofística é, de fato, um operador de delimitação da filosofia. Extrair todas as consequências, as que são evidentes, e tomar ao pé da letra constituem um único e mesmo gesto: "a carta roubada", toda a obra de Lacan e – mas eu me adianto – toda análise dão testemunho disso. A psicanálise operador de delimitação, poderíamos dizê-lo da de Freud enquanto revolução subjetiva do amor próprio *à la* Copérnico e Darwin, ao qual Freud se compara, como da de Lacan enquanto gênero de discurso, situado sob a antifilosofia.

Permitam-me algo que de uma digressão tem somente a aparência. Estou convencida de que toda a história da filosofia, doutrinal, ganha ao ser ouvida-interpretada com esse ouvido obstinado e sem concessão, uma filologia *stricto sensu* não sem vínculo com a atenção flutuante. Esse método do "ao pé da letra" não é apenas formal: acredito naturalmente que, ao tomar assim ao pé da letra, mergulhamos no que Lacan chama de "furo

---

[73] ARISTÓTELES. *Tópicos*, I, 105 a 507.

soprador" [*le trou du souffleur*].[74] A orelha vagueia insistente – e se for a de um sofista, insolente – e permite ouvir às avessas e a contrapelo, portanto, precisamente com toda exatidão e no bom sentido. O que chamei outrora "história sofística da filosofia" é talvez, tanto quanto uma história contada do lado da puta (Benjamin), uma história ouvida do lado do analista. Isso vale particularmente para a filosofia grega, que, por essência e devoção, é completamente palimpséstica, transpassada de citações invisíveis e de ressemantizações homônimas. O exemplo da palavra "dialética" é claro: ela faz instantaneamente viajar do doce diálogo socrático, que derruba e abate mais do que qualquer outro, à contemplação suprema da ideia do Bem (a (in) articulação dos dois no próprio Platão, de qual violenta ironia não é ela o traço), no sentido estritamente "peirástico" do *organon* aristotélico, no qual a dialética serve para fazer a distinção entre os raciocínios corretos e os outros (aqui também, que ironia e que violência na (in)articulação com Platão!), sem falar dos sentidos estoico, neoplatônico, tudo isso de que Hegel poderá, como que performativamente, pela fenomenologia, alimentar o seu sistema. Percebe-se, então, que o "inconsciente" da filosofia ou do pensamento não se confunde com o impensado da diferença ontológica. Heidegger tem a audição muito fina para ouvir as reinterpretações das palavras-conceitos-chaves, e o seu traçado

---

[74] Em uma conversa com estudantes na Yale University, é assim que ele designa "o inconsciente do sujeito" (LACAN, J. Conférences et entretiens dans des universités nord-américaines [24 nov. 1975]. *Scilicet*, Paris, n. 6-7, 1976, p. 32).

Em francês: *trou du souffleur*, literalmente, "furo soprador", "buraco que sopra". Designa, no teatro, a "caixa de ponto", "cúpula do ponto" ou simplesmente "ponto", cavidade no palco a partir da qual alguém "sopra" ao ator as suas falas; "ponto" pode ser também a própria pessoa encarregada de "soprar" aos atores as palavras ou frases esquecidas (função análoga, atualmente, ao "ponto eletrônico"). Importante notar que uma falha de memória, em francês, é um *trou de mémoire*, "um furo", "um buraco", como em português é um "branco". É desse furo que o sopro emana. (N.E.)

das trajetórias em termos de semântica historial, em *Nietzsche*, por exemplo, é fulgurante. Mas é a diz-mensão de performance que não cessa de faltar, o caso a caso da enunciação encontrando-se socado na Língua ou na Saga, e comandado de longe pelo Ser.

O paradigma de uma tal escuta, atenta ao mesmo tempo à performance e à homonímia, é, a meu ver, a maneira como Górgias entende o *Poema* de Parmênides em seu *Tratado do não-ser* e opera o retorno ao remetente. Isso basta para desinflar o ser, fazendo de Heidegger um sintoma tardio de surdez sublime. Dois pontos de ancoragem, portanto, bastante terra a terra: situar a performance (que se diga...) e designar os equívocos. Em seu *Tratado*, Górgias re-produz, para o não-ser, o conjunto dos nós semânticos e sintáticos que serviram para fazer o Ser no *Poema*. Ele mostra como e por quais operações intermediárias a língua em ato, que eu chamaria naturalmente o ato de linguagem por excelência, faz passar do famoso *É* (*esti*) inaugural, verbo na terceira pessoa do singular do presente, ao sujeito *ente* (*to eon*), particípio substantivado secretado pelo verbo e, doravante, sujeito da ontologia.[75] Podemos traduzir *esti* em português tanto por "é" quanto por "existe" , "é possível" e "é o caso", "é verdade que": a exploração de todos esses equívocos faz parte precisamente das operações requeridas. É por isso que mesmo monolíngue (uma característica dos gregos: "orgulhosamente monolíngues", segundo Momigliano[76]), uma tal história mergulha na profundidade do que é uma língua, na "integral dos equívocos" que constitui uma língua, entre outras. É intencionalmente que já evoco, aqui, "O aturdito", porque essa escuta sofística da história da filosofia é necessariamente uma escuta das filosofias em línguas, tal como elas

---

[75] Permito-me remeter novamente a CASSIN. *Parménide. Sur la nature ou sur l'étant. La langue de l'être?*

[76] Arnaldo Momigliano (1908-1987), historiador italiano, especialista em historiografia antiga. (N.R.)

são ditas, ou seja, tal como mergulham na lalíngua[77] de cada língua.[78] É a escuta de Górgias que torna manifesto que o ser é um efeito do dizer, e que a ontologia, o dizer grego do ser, é aquilo mesmo que faz do ser um significànte. Mas Górgias não fala de significante. Inútil, não é mesmo, saber quem foi o primeiro a ouvir a ontologia, de Lacan ou Górgias, pois haverá sempre um sofista que terá lido Lacan e um lacaniano aparelhado pela sofística. De todo modo, "a ontologia é o que valorizou na linguagem o uso da cópula, isolando-a como significante. Deter-se no verbo *ser* – esse verbo que não é nem mesmo, no campo completo da diversidade das línguas, de uso que pudéssemos qualificar de universal – produzi-lo como tal, eis uma ênfase cheia de riscos".[79]

Acrescentemos que as sequências da história assim escutada, por mais abafadas que sejam, são de uma selvageria absoluta, não menos que as sucessões emasculantes da *Teogonia*, de Hesíodo. Um único exemplo: o Estrangeiro do *Sofista* propõe um *remake* do *Tratado do não-ser* de Górgias, todo benefício para Platão, visto que, ao mesmo tempo, ele mata novamente o pai Parmênides, já morto, e atribui a si mesmo a glória disso; ao fazê-lo, ele neutraliza a crítica radical da ontologia enquanto discurso produtor do ser em proveito de um novo discurso ontológico, o do próprio Platão, evidentemente, no qual o

[77] No original, *lalangue*, neologismo criado por Lacan a partir da união do artigo definido feminino *la* com o substantivo *langue*; *lalangue* se escreve como se fosse uma palavra só a expressão *la langue*, "a língua". Conforme propôs Haroldo de Campos, optamos por traduzir "lalangue" como "lalíngua", uma vez que o prefixo "a" tem, em português, um sentido privativo, diferentemente do artigo *la* francês (N.T.)

[78] "Uma língua, entre outras, não é nada além da integral dos equívocos que sua história deixou persistir nela" (LACAN. O aturdito, p. 492) tornou-se, para mim, uma frase-fetiche, referida ao *Vocabulaire européen des philosophies, dictionnaire des intraduisibles* (Paris: Seuil; Le Robert, 2004). Ver *infra*, p. 186.

[79] LACAN. *Encore*, p. 33. [Ed. bras.: LACAN. *Mais, ainda*, p. 37.]

não-ser pode tomar lugar como "outro", ou seja, como um dos gêneros do Ser: vamos circulando, não há nada para se ver, a foraclusão é só benefícios para a ontologia. Platão, graças ao Estrangeiro, ainda mais sofista que Górgias.

Em "Os sulcos da aletosfera", Lacan não recusa ser situado em referência a Górgias. "Lembro-me de que a primeira [referência] era a Górgias, de quem supostamente eu produziria aqui não sei que repetição. Por que não? Mas o inconveniente é que, na boca da pessoa que evocava esse personagem, cuja eficácia, em nossos dias, mal podemos avaliar, tratava-se de alguém que pertence à história do pensamento. Aí está justamente o recuo que me parece inoportuno".[80] É preciso, portanto, repensar sofisticamente a "história do pensamento" para nela situar Lacan, considerando, talvez, como diz o próprio Lacan, que o pensamento não é uma categoria, mas um afeto, um *pathos* do *logos*.

Logologia: falar pelo prazer de falar/falar em pura perda

"De maneira geral", escreve Lacan, "verifica-se que a linguagem é um campo mais rico de recursos do que simplesmente ser aquele onde se inscreve, no curso dos tempos, o discurso filosófico."[81] De maneira excepcional, trata-se de "esgueirarmos alguma coisa dentro dela [metafísica]" em vez de "serenarmos nessa manjedoura".[82] Qual é esse mais? Podemos partir novamente do espanto de Benveniste, saudado por Lacan como um bom diagnóstico: "Qual é, então, essa 'linguagem' que age tanto quanto exprime?".[83] Esse espanto tem como ponto de partida o artigo que Freud publica em 1910, "Sobre

---

[80] LACAN. *L'Envers de la psychanalyse*, p. 175. [Ed. bras.: LACAN. *O avesso da psicanálise*, p. 142.]

[81] LACAN. *Encore*, p. 33. [Ed. bras.: LACAN. *Mais, ainda*, p. 36.]

[82] LACAN. *Encore*, p. 56. [Ed. bras.: LACAN. *Mais, ainda*, p. 82.]

[83] BENVENISTE, É. Remarques sur la fonction du langage dans la découverte freudienne [1956]. In: *Problèmes de linguistique générale*. Paris:

os sentidos opostos das palavras primitivas": a consciência do ato de linguagem e da linguagem como ato ("O enunciado é o ato",[84] é assim que Benveniste define o performativo) encontra-se assim ligada, já de início, à homonímia motivada, ou seja, os dois pontos de ancoragem da discursividade sofístico-analítica.

Não apenas a linguagem "exprime", ou seja, "fala de", diz o que eu vejo, diz o que é – fenomenologia, ontologia. Não somente ela "fala com", e ao fazê-lo persuade e até cura – é a retórica e a farmácia, primeira ação, talvez, como iremos ver, extraterritorial em relação à análise. Mas a linguagem "age" simplesmente, enquanto performance e não primeiramente enquanto descrição ou informação, nem enquanto endereçamento: ela é capaz de produzir um efeito-mundo – o que eu chamo, a partir de Novalis, a "logologia".[85]

> No fundo, falar e escrever é algo curioso; a verdadeira conversação, o diálogo autêntico é um puro jogo de palavras. Muito francamente estarrecedor é o erro ridículo das pessoas que imaginam falar pelas próprias coisas. Mas o próprio da linguagem, isto é, o fato de ser absorvida unicamente por si mesma, todos o ignoram. É por isso que a linguagem é um mistério tão maravilhoso e fecundo: *que alguém fale muito simplesmente por falar*, é justamente então que ele exprime as verdades mais magníficas. Mas que ele queira, ao contrário, falar de algo preciso, eis que imediatamente a língua maliciosa lhe faz dizer os piores absurdos, as mais grotescas idiotices. É igualmente daí que vem o ódio que tantas pessoas sérias têm da linguagem. Sua petulância e sua travessura, elas as observam; mas o que elas não observam é que a tagarelice atabalhoada e

---

Gallimard, 1966, p. 77. [Ed. bras.: BENVENISTE, É. *Problemas de linguística geral*. Campinas: Pontes Editores, 2005.]

[84] BENVENISTE, É. La Philosophie analytique et le langage. *Les Études Philosophiques*, n. 1, janv.-mars 1963, retomado em *Problèmes de linguistique générale*, cap. XXIII, p. 274.

[85] NOVALIS. *Fragments logologiques*, t. II.

a sua displicência tão desdenhosa são justamente o lado infinitamente sério da língua.[86]

Esse texto, repertoriado como fragmento 1941 dos *Fragmentos logológicos*, serve-me de trampolim. Inicialmente porque se trata de jogo de palavras, de chiste, de tagarelice, em suma, da diferença entre a seriedade dos filósofos e a seriedade da língua, tal como a sofística e a psicanálise incitam a pensá-la. A logologia nomeia o momento em que o discurso é pensado inicialmente em relação a ele mesmo, e em termos mais lacanianos, a língua em relação à lalíngua. Ela me parece poder designar ao mesmo tempo a discursividade sofística e a psicanalítica, em todo caso lacanoide. Os sofistas, diz Aristóteles, que veremos mais detalhadamente, "falam por falar", *logou kharin legousin*, para nada dizer, por nada, mas também apenas por falar, "pelo prazer de falar". Lacan define a psicanálise como Aristóteles define a sofística, com uma inversão reveladora dos séculos aristotélicos, da reticência cristã frente ao dionisíaco, da modernidade da eficiência e da comunicação, mas também do curso do desejo, do gozo da perda e da estrutura da transferência: "A psicanálise, a saber, a objetivação do fato de que o ser falante passa ainda o tempo a falar em pura perda".[87] "Falar pelo prazer de falar"/"falar em pura perda" é uma primeira maneira de designar a mudança de época e a diferença de estatuto.

Sofística, psicanálise e antifilosofia

Lacan, como a sofística, articula essa reflexão sobre a ação da linguagem em dois tempos: um tempo crítico em relação à filosofia e um tempo declarativo, no qual se esclarecem algumas proposições-chave que geram *logia*.

---

[86] NOVALIS. *Fragments logologiques*, t. II, p. 86, grifo meu.

[87] ARISTÓTELES. *Metafísica*, IV, 5, 1009 a 20-21; LACAN. *Encore*, p. 79. [Ed. bras.: LACAN. *Mais, ainda*, p. 116.]

Nos dois textos que me parecem os mais explícitos desse ponto de vista, *Mais, ainda* (1972-1973) e a conferência do segundo Congresso de Roma (1° nov. 1974), ele ataca primeiramente Parmênides e, muito precisamente, as duas teses que fundam a ontologia e dão ao discurso filosófico sua fisionomia dos séculos vindouros. A primeira é que "o ser é e o não-ser não é": "Ora, é justamente porque era poeta que Parmênides diz o que tem a nos dizer da maneira menos besta. De outro modo, que o ser seja e que o não-ser não seja, não sei o que isso diz a vocês, mas, quanto a mim, acho isso besta. E não creiam que me diverte dizer isso".[88] A segunda é a identidade ou o copertencimento do ser e do pensado: "*Penso, logo(z)sou.*[89] É de fato bem melhor do que o que diz Parmênides. A opacidade da conjunção do *noein* e do *einai*, do pensamento e do ser, ele não sai disso, esse pobre Platão",[90] diz Lacan, remetendo à maneira como o Estrangeiro interpreta Parmênides no *Sofista*. E a propósito de Aristóteles: "seu defeito é supor que o pensado é feito à imagem do pensamento, quer dizer, que o ser pense".[91] A ontologia, antiga e moderna, tanto do lado da substância como do lado do sujeito, aparece assim simplesmente como uma petição de princípio: "O discurso do ser supõe que o ser seja, e é o que o mantém".[92] Tal é exatamente, menos a denegação do divertimento em dizê-lo, a operação do *Tratado do não-ser*: Górgias mostra aí que a ontologia só sustenta a sua posição e só ocupa toda a cena porque ela esquece não o ser, mas que ela mesma é um discurso.

Diante da ontologia, a tese sofística e a tese lacaniana são uma só: o ser é um efeito do dizer, um "fato de dito".

---

[88] LACAN. *Encore*, p. 25. [Ed. bras.: LACAN. *Mais, ainda*, p. 34.]

[89] No original: "*Je pense donc je souis*" (e não "*Je pense donc je suis*").

[90] LACAN. La Troisième, p. 12. [Ed. bras.: LACAN. A terceira, p. 12.]

[91] LACAN. *Encore*, p. 96. [Ed. bras.: LACAN. *Mais, ainda*, p. 143.]

[92] LACAN. *Encore*, p. 108, 107. [Ed. bras.: LACAN. *Mais, ainda*, p. 162 e também 160 e 161.]

É sobre esse ponto, nesse posicionamento, que Lacan não pode não ser dito sofista – mesmo se, nós já o sentimos, é sempre também contra a sua vontade que Lacan constata que ele não é parmenidiano, platônico, aristotélico, heideggeriano, filósofo. Para explicitar a posição logológica de Lacan, podemos, sem outra forma de proceder, colocar lado a lado citação lacaniana e citação sofística. O ser é um fato de dito: isso significa muito simplesmente que "não há nenhuma realidade pré-discursiva. Cada realidade se funda e se define a partir de um discurso".[93] É preciso inverter o sentido do sentido, que não vai do ser ao dizer, mas do dizer ao ser – ou seja, nos termos do *Tratado do não-ser*, de Górgias, reportado por Sexto: "Não é o discurso que comemora o exterior, mas é o exterior que vem revelar o discurso".[94] Essa frase explicita o enunciado emblemático da discursividade sofística e seu princípio de identidade: "Aquele que diz diz um dizer".[95] "Não é o discurso que comemora o exterior": o discurso não pode representar o real e não tem de fazê-lo, ele não tem de fazer as vezes de, não faz referência a, uma coisa ou uma ideia, exteriores, estrangeiras a ele. Em suma, não estamos no regime parmenídeo-aristotélico da comunicabilidade, que vai do copertencimento e da eclosão simultânea à adequação. "Mas é o exterior que se torna o revelador do discurso": se a relação de significação existe, é preciso invertê-la. O discurso faz ser, e é por isso que o seu sentido só pode ser apreendido *a posteriori* em vista do mundo

[93] LACAN. *Encore*, p. 33. [Ed. bras.: LACAN. *Mais, ainda*, p. 45.]

[94] GÓRGIAS. *Tratado do não-ser* (Sextus, VII, 85 = 82 B 3 DK), em que Sexto doxógrafo utiliza a diferença estoica e cética entre signo "comemorativo", que lembra (*parastatikon*), e signo "indicativo", que revela (*mênutikon*).

[95] *Kai legei ho legôn... logon, Tratado do não-ser*, na versão dada pelo tratado anônimo *Sobre Melisso, Xenófanes e Górgias*, 980 b 3-9 (ver meu *Se Parmênides: o tratado anônimo De Melisso Xenophane Gorgia*. Tradução de Cláudio Oliveira. Belo Horizonte: Autêntica, 2015, p. 210-211). Encontramos em Lacan um "Quem fala, fala", em: *O seminário, livro 18: De um discurso que não fosse semblant* [1971]. Rio de Janeiro: Zahar, 2009, p. 136.

que ele produziu. Compreende-se que um desses efeitos-mundo possa ser o efeito retórico sobre o comportamento do ouvinte, mas esse não é senão um de seus efeitos possíveis. Se encontramos ainda a ideia de sedução, é com um giro ontológico a mais, que faz toda a diferença e pode servir para definir a logologia: "Seria preciso estender a ideia de sedução", escreve Jean-François Lyotard, "não é o destinatário que é seduzido pelo destinador. Este, o referente, o sentido não sofrem menos que o destinatário a sedução exercida".[96] O discurso sofístico não é apenas uma performance no sentido epidítico do termo, ele é, do início ao fim, um performativo no sentido austiniano do termo – *How to do things with words*: ele é demiúrgico, ele fabrica o mundo, ele o faz advir, inclusive (voltaremos a isso para dar continuidade à explicitação do "outro estatuto") como *polis* e política. Visto que o exterior não é, como o ser de Parmênides concebido por Górgias, apreensível, estruturado, existente senão à medida de sua criação discursiva, o exterior fornece então, em contrapartida, necessariamente, indicações sobre o dizer que o construiu. O exterior se torna o "revelador" do discurso, no sentido em que o que advém realiza o discurso, cumpre plenamente a predição que ele constitui. O que advém, o que quer que advenha, pois, o que quer que advenha, uma coisa ou o seu contrário, o oráculo e o sonho terão sempre razão. Não se trata de destino, mas simplesmente de *logos*: que o filho mate o pai, isso se dá quer ele o mate, quer ele não o mate, isso Freud nos ensinou através da história do Édipo. É por isso, aliás, que os sofistas não são adivinhos, se imaginamos que um adivinho deduz de certos signos o saber

---

[96] LYOTARD, J.-F. *Le Différend*. Paris: Les Éditions de Minuit, 1983, § 148. Entendo essa frase, magnífica, fora do gênero de discurso do qual ela procede; de fato, trata-se no contexto somente da maneira como um gênero de discurso e o que nele está em jogo determinam os encadeamentos entre frases: "Um gênero de discurso exerce uma sedução sobre um universo de frases".

do que já está escrito; mas eles são adivinhos se entendemos que os adivinhos, ou os terapeutas, põem em jogo a força do dizer para induzir um novo estado e uma nova percepção do mundo, legíveis na clareza do *a posteriori*. Aí encontramos o fato como fixão, minorando a verdade como ela merece: há somente interpretações e interpretações de interpretações.

Desaparece o objeto subsistente e substancial em benefício do efeito e da eficácia desse efeito: o objeto *a* "é o objeto do qual, justamente, não há ideia" – "isso justifica as reservas [...] em relação ao pré-socratismo de Platão". Da mesma forma, "o simbólico, o imaginário e o real, é o enunciado do que opera, efetivamente, na fala quando vocês se situam a partir do discurso analítico, quando analistas vocês são. Mas esses termos só emergem, verdadeiramente, para e por esse discurso".[97] Assim, a "realidade", o "exterior", em uma palavra, o ser, longe de ser anterior, conforma-se, sempre no *a posteriori*, ao discurso que efetuou sua predição, e ele sustenta sua existência, como o ente de Parmênides ou como a Helena de Górgias e de Eurípides, essa concreção fetichista do sopro, somente pelo fato de ter sido discorrido.

Decorre daí uma série de proposições negativas que acusam a ingenuidade dos discursos científicos tradicionais. Por exemplo, a "cosmologia": "Será que não há no discurso analítico algo que possa nos introduzir ao fato de que toda substância, toda persistência do mundo como tal, deve ser abandonada?";[98] a "física": "No que é que essa nova ciência concerne ao real?", e, no mesmo saco aristotélico, o *behaviourism*; e finalmente "a história" que se pode extrapolar da "história do cristianismo", em que "não há um só fato que não possa ser contestado", e em que toda a verdade é de ser "*diz-mens*ão [*dit-mension*] a mensão

[97] LACAN. La Troisième, p. 15. [Ed. bras.: LACAN. A terceira, p. 15-16.]
[98] LACAN. *Encore*, p. 43, 96, 97. [Ed. bras.: LACAN. *Mais, ainda*, p. 60 e também 143, 146.]

[*mension*] do dito". Essa série de negações culmina na fórmula: "não há linguagem do ser", e Lacan pode finalmente desativar a proposição ontológica fundamental atribuindo-lhe um índice de enunciação que caracteriza, como sabemos, o procedimento doxográfico: "O ser é, como se diz, e o não-ser não é". Concluiremos quanto à potência da logologia ela mesma: "Eu me distingo da linguagem do ser. Isso implica que possa haver aí ficção de palavra – quero dizer, a partir da palavra".[99]

Que o ser seja um fato de dito, isso nos convida a tomar precauções no que diz respeito à significação. A precaução elementar consiste em "distinguir a dimensão do significante". "Distinguir a dimensão do significante só ganha relevo ao se afirmar que o que vocês ouvem, no sentido auditivo do termo, não tem nenhuma relação com o que isso significa."[100] E assim como a logologia não procede do ser ao dizer, mas do dizer ao ser, não se irá do significado ao significante, mas, ao contrário: "O significado não é aquilo que se ouve. O que se ouve é significante. O significado é efeito do significante". A ficção de palavra marca a ruptura com a filosofia ("Como tirar da cabeça de vocês o emprego filosófico de meus termos, ou seja, seu emprego imundo"[101]), portanto, a nova situação do discurso (nos sons e na escritura homonímica da homonímia) e do pensamento ("no músculo subcutâneo da fronte", como no ouriço). A psicanálise, apoiando-se na autonomia de um discurso definido como som, faz o significante soar como um ruído – razão pela qual Lacan lacaniza, como Górgias, seus contemporâneos o diziam com não menos amódio, gorgianiza.[102] Aqui tudo se precipita, ou melhor, tudo se sustenta, o que retomaremos pouco a pouco.

---

[99] LACAN. *Encore*, p. 107. [Ed. bras.: LACAN. *Mais, ainda*, p. 160-161.]

[100] LACAN. *Encore*, p. 31, 34. [Ed. bras.: LACAN. *Mais, ainda*, p. 42, 47.]

[101] LACAN. La Troisième, p. 14. [Ed. bras.: LACAN. A terceira, p. 14.]

[102] FILÓSTRATO. *Epistulae* 73 (= 82 A 35 DK). Ver *supra*, p. 53; *infra*, p. 84-88 e 155.

Concluo, provisoriamente, que psicanálise e sofística ocupam a mesma posição em relação à filosofia. Alain Badiou chama essa posição de "antifilosofia", mas contesta a equivalência entre a antifilosofia do sofista e a de Lacan, ao menos em um de seus primeiros grandes textos sobre "Lacan e Platão".[103] Eu gostaria de me deter um momento nesse ponto.

"Trata-se de saber, de uma vez por todas", pergunta Badiou, "se a antifilosofia que Lacan reivindica é, a nosso ver, necessariamente, uma figura sofística".[104] A cartada está dada para mim (a partida filosófica é jogada) no instante precedente, no momento em que Badiou define a sofística como organizada em torno do enunciado "não existe nenhuma verdade": "O adversário imemorial do filósofo chama-se sofista; e ele se reconhece por ser, em todos os pontos, semelhante ao filósofo, armado da mesma retórica, possuindo as mesmas referências, e, no entanto, ele não deixa de organizar a sua fala em torno do enunciado 'não existe nenhuma verdade'". Eu contesto que seja esse o enunciado *princeps* da sofística. O sofista sabe que um contratorpedeiro é antes de tudo um torpedeiro. São os filósofos, de Sexto Empírico a Heidegger, que o fazem passar por um cético inconsequente, afirmando contra o ceticismo a impossível "verdade cética" de que não há verdade. A posição do sofista não é quanto à verdade, mas quanto ao discurso: o ser, a verdade, se por ela se tem apreço, é um efeito do dizer. É em torno de "aquele que diz diz um dizer" que ele organiza o seu propósito, não afirmativo, mas nulo por si mesmo, tautológico, a não ser que se desdobre em sintaxe ou em gramática, bem próximo de um gesto subtrativo como o *den* que marca a

[103] BADIOU, A. Lacan et Platon: le mathème est-il une idée?. In: DERRIDA, J. (Dir.). *Lacan et les philosophes*. Paris: Albin Michel, 1991, p. 135-154.

[104] Esperando a *República*: "O sintoma Platão vale universalmente para o que se passa com a posição de nossos contemporâneos em relação à filosofia" (BADIOU. Lacan et Platon: le mathème est-il une idée?, p. 136).

invenção de significante.[105] Pois, como com o *den*, isso de que se trata nessa frase-chave é da ordem do tempo, inscrição do tempo no *logos* que vem, no diz-curso cadeia.

A partir daí as três teses capitais de Lacan sobre a verdade importam ao filósofo e atestam o seu ponto de vista, mas elas não marcam nenhuma diferença fundamental em relação à sofística. Evoquemo-las tal como Alain Badiou as formula: 1. "Há verdade, tese pela qual Lacan afasta o axioma da sofística". 2. "Uma verdade está sempre em parte em dívida com relação ao que se diz dela, podendo [...] somente ser semi-dita. Através do que Lacan, qualquer que seja a importância atribuída à linguagem, afasta toda equivalência entre o pensamento e o recurso linguageiro como tal". 3. "Não há critério da verdade. Pois a verdade é menos um julgamento do que uma operação". Não há aí, segundo o meu ponto de vista, nenhuma contraindicação em relação à sofística ou ao que eu ficciono como tal. Admitamos que exista a verdade, o mais verdadeiro para, e que se possa produzir verdade o bastante para... A verdade é uma palavra da qual um sofista assim como um psicanalista se serve, e o que dela resta semi-dito faz tocar o real de lalíngua, seja ela qual for, conectada com algum furo soprador [*trou du souffleur*]. É aliás, também, o que pode acontecer de melhor com o matema, que se encontra na mesma situação.

Não é portanto questão de embarcar, de se deixar embarcar: "Isso pelo qual a verdade dá sinais do seu excesso em relação aos recursos do dizer, nada se opõe a que o chamemos de ser, o ser enquanto ser, que Lacan distingue constantemente do real"... E ainda menos embarcar até o seu destino: "Como não reconhecer, nesse ser que surpreende, o que eu chamo de evento, de onde se origina toda verdade sobre o ser singular, ou ser em situação?".[106]

---

[105] Ver *infra*, "Quinta parte".

[106] BADIOU. Lacan et Platon: le mathème est-il une idée?, p. 137.

Eu gostaria de tentar uma definição comum, reorganizando os elementos propostos por Alain Badiou, que conviesse à antifilosofia de Lacan-e-da-sofística: mais que a verdade, o sentido (suas negações e privações múltiplas, não-sentido e ab-senso[107]), e mais que o sentido, o discurso, ou seja, os efeitos de discurso. Verdade, sentido, efeito, encontramos sempre uma citação que convém:

> Não é porque o sentido de sua interpretação teve efeitos que os analistas estão na verdade, pois, mesmo que ela seja justa, seus efeitos são incalculáveis. Ela não é testemunha de nenhum saber, visto que, tomando-o em sua definição clássica, o saber se verifica por uma possível previsão.
> O que eles têm que saber é que existe um saber que não calcula, mas que nem por isso deixa de trabalhar em prol do gozo.[108]

Resumirei, portanto, as coisas assim: os dois pontos de coesão quanto à técnica discursiva entre sofística e psicanálise lacaniana são a performance e a homonímia. Por um lado: "que se diga", a insistência sobre o ato de linguagem e o que daí resulta como efeito-mundo. Por outro lado: a força do significante, ligada ao equívoco, à ambiguidade, à homonímia. Elas estão enlaçadas uma à outra como diz-menções inseparáveis. Sozinhas, as duas juntas fazem ver coisas escabrosas, *play Old Harry*, aos dois fetiches que Austin designava ao final de seu ensaio: o fetiche verdade/falsidade e o fetiche valor/fato. No caso da performance assim como no da homonímia, é Aristóteles quem opera o recalque, o longo desvio aristotélico.

---

[107] O termo *ab-sens* joga com *absent*, "ausente", e com *ab-*, de *abîme*, *abîmé*, que significam, respectivamente, "abismo", "abissal"; é ao mesmo tempo um sentido ausente e o abismo do sentido. (N.R.)

[108] LACAN. Introduction à l'édition allemande des *Écrits*, p. 558. [Ed. bras.: LACAN. Introdução à edição alemã de um primeiro volume dos *Escritos*, p. 555-556.]

TERCEIRA PARTE

O logos-pharmakon

O que se impôs é que Freud não diz besteira.
JACQUES LACAN. *O Avesso da psicanálise*, 1970

Falar/pagar: um consultório na ágora

O primeiro efeito do discurso que se refere a si mesmo, ou seja, desligado da referência, é ser uma droga, que cura/envenena. O *logos* é *pharmakon*.

Da sofística à psicanálise, a semelhança externa é por demais surpreendente. O mais escandaloso, tanto aos olhos da filosofia como da opinião pública, é que sofistas ou psicanalistas vendem, e sempre muito caro, o seu saber-fazer discursivo. Eles transformam isso em dinheiro como as "putas", com quem os compara o Sócrates de Xenofonte, o que não deveria acontecer, e que, ao acontecer, torna-se uma coisa totalmente diferente: não mais sabedoria e verdade, mas habilidade e oportunismo, em suma, *tekhnê*. Em linguagem aristofanesca, é "uma raça de ventríloquos omnicapazes", *panourgon egglôtogastêrôn genos.*[109]

O dinheiro serve para duas coisas bem distintas, mas que apresentam certa concordância. Por um lado, ele serve para

---

[109] ARISTÓFANES. *Os pássaros*, v. 1696.

provar que o *logos* sofístico/analítico serve para alguma coisa. Se se paga, é porque vale a pena. O pagamento e a eficácia tomam um ao outro como garantia, é fácil compreender – "Há, em suma, um *black out* sobre o que as pessoas tiravam do oráculo dos sofistas. Era, sem dúvida, alguma coisa de eficaz, visto que sabemos que se os pagava muito caro, como aos psicanalistas".[110] Encontramos aí todas as histórias do *misthos* de Protágoras, por exemplo, que se fazia pagar, o que quer que acontecesse.[111] Paga-se um médico, um advogado, um professor, porque precisamos deles, como acontece de se pagar para ter prazer.

Por outro lado, o dinheiro garante, ao mesmo tempo, que não se pode tratar de verdade, impagável em todos os sentidos do termo. Não se paga, por princípio platônico-kantiano, nem a verdade, nem a virtude, nem o amor, bem precioso demais para isso. O dinheiro é o sintoma de que não é deles que se trata – "eu te peço para recusar o que te ofereço porque não é isso". Quando um filósofo se faz pagar por uma conferência, é enquanto conferencista e não enquanto filósofo que ele recebe o dinheiro.

O dinheiro é, portanto, realmente, o sintoma de uma prática análoga, não filosófica, do discurso, e se observará um conjunto de estratégias que condenam sofistas e psicanalistas ao papel de objeto *a*, ao mesmo tempo "cocô de mosquito" e "sujeito suposto saber". É a marca de sua diferença para com

---

[110] LACAN. Mon enseignement, sa nature et ses fins [1968]. In: *Mon enseignement*. Paris: Seuil, 2005, citado por Elisabete Thamer na p. 287 de sua tese. [Ed. bras.: LACAN, J. *Meu ensino*. Rio de Janeiro: Zahar, 2006.]

[111] Ver também, além de Platão, Diógenes Laércio (IX, 56 = 80 A 1 DK) quanto ao diferencial para com seu aluno Euathlus, que se recusava a pagá-lo, e o diagnóstico de Filóstrato (*Vidas dos sofistas*, I, X, 1 = 80 A 2 DK): "Ele foi o primeiro a ter a ideia de se fazer pagar por suas sessões e o primeiro a transmitir a coisa aos gregos, o que não se deve desprezar, visto que isso a que nós nos aplicamos financeiramente, nós nos dedicamos bem mais do que às coisas gratuitas".

Sócrates, pois um objeto *a* não bebe cicuta. Uma das maiores virtudes do dinheiro é provar a disjunção entre o *logos* da psicanálise e da sofística e o *logos* filosófico, mesmo que Lacan estremeça. Não há senão o dinheiro para neutralizar a verdade, para o bem e para o mal; e, do lado da sabedoria, para neutralizar a transferência e fazer de modo a emancipar chegado o dia: "E não é a responsabilidade que sua transferência comporta que nós neutralizamos, fazendo-a equivaler ao significante mais aniquilador possível de toda significação, isto é, ao dinheiro?".[112]

O primeiro consultório terá sido, portanto, aberto na ágora por Antifonte, o sofista, que Jean-Paul Dumont, em sua primeira tradução dos sofistas, já designava como "o inventor da psicanálise"[113]:

> Antifonte compôs, além da poesia, uma arte do desentristecimento [*tekhnê alupias*] como a terapia em uso entre os médicos para os doentes. Ele instalou um consultório [*oikêma tí*] perto da ágora, em Corinto, e sobre a placa inscreveu [*proegraphen*] que ele podia tratar aqueles que sofrem [*tous lupomenous*, os entristecidos, os aflitos] com nada além de palavras [*dia logôn therapeuein*], e que, pela tomada de consciência das causas [*punthanomenos tas aitias*], ele reconfortaria os fatigados exortando-os pela palavra [*paremutheito tous kamnontas*].[114]

Luciano o chama de "o hipócrita dos sonhos":

> A ilha dos Sonhos é perto dos dois templos de Ilusão (*Apatê*) e de Verdade. Ali se encontram seu recinto sagrado e o oráculo à frente do qual se encontra Antifonte que profetiza,

---

[112] LACAN. Le séminaire sur "La lettre volée", p. 37, citado por E. Thamer. [Ed. bras.: O seminário sobre "A carta roubada", p. 29.]

[113] DUMONT, J.-P. *Les sophistes, fragments et témoignages*. Paris: PUF, 1969. (SUP: Les Grands Textes).

[114] PLUTARCO. *Vida dos dez oradores*, I, 833c (= Antifonte, 87 a 6 DK).

o decifrador de sonhos (*hupokritês*: aquele que responde/ aquele que finge) a quem Sono concedeu essa honra.[115]

Designemos, então, esse tipo de prática discursiva pelo nome *logos-pharmakon*, e entendamos que o *pharmakon* não é ligado à verdade, mas à interpretação.

Aqui vale a pena um desvio pelo dicionário. Um *pharmakon*, Derrida nos acostumou com isso, é um remédio/veneno. Seus equivalentes, se seguirmos o *Greek-English Lexicon*, são: A. 1. *droga*, boa ou nociva; 2. *remédio, medicina*; 3. *poção encantada, bebida mágica*; 4. *veneno*; 5. *lixívia* / B. 1. em geral, *remédio, tratamento*; 2. *meio de produzir alguma coisa* / C. *Tintura, pintura, tinta* / D. *Reativo químico utilizado para curtir*. O *logos* como *pharmakon*: "o discurso como remédio", "a linguagem como droga", "o relato como veneno", "a definição como charme", "a palavra como colorante", "o termo como tanino" e "o raciocínio como lixívia", deveríamos nos dar, por um momento, o direito divertido de tudo ouvir.

"Fundo", dizia Lacan em 21 de junho de 1964, "a Escola Francesa de Psicanálise."[116] "Constituiremos três seções", prosseguia ele, que as intitulava respectivamente: 1. "Seção de psicanálise pura – que não é nada além da psicanálise didática", 2. "Seção de psicanálise aplicada, o que significa seção de terapêutica e de clínica médica", e 3. "Seção de recenseamento do campo freudiano". A primeira faz a ligação entre a performance epidítica dos seminários e as demandas de análise ("caçador de jovens ricos", diz, portanto, Platão do sofista). À segunda interessa o *pharmakon*: ela vale como uma declaração, sem rame-rame, de que a terapêutica não está fora do foco. A psicanálise, que ela sirva ou não de para-raios num "hoje" que se prolonga, "ela

---

[115] LUCIANO. *História verdadeira*, II, 33 (= Antifonte, 87 a 7 DK).

[116] LACAN. Acte de fondation, p. 229. [Ed. bras.: LACAN. Ato de fundação, p. 235.]

distinguiu-se a princípio por dar acesso à ideia de cura em seu domínio, ou seja: dar aos sintomas seu sentido, dar lugar ao desejo que eles mascaram, retificar de modo exemplar a apreensão de uma relação privilegiada".[117] A condição é novidade freudiana: que se reconheça o sujeito do inconsciente (sintoma, desejo, transferência); mas o efeito: que se atinjam aqueles que falam porque eles dizem além ou aquém do que dizem e que a palavra, num complexo falar-ouvir, produza efeito terapêutico é velho como o homem, velho como a relação do homem com o *logos*. O espantoso é que "haja resposta" à demanda de cura, "e que desde sempre a medicina tenha atingido o seu objetivo por meio de palavras".[118]

O *pharmakon* da *talking cure* está precisamente na antiga articulação da retórica e da magia. Freud o sabia, tanto que colocou, logo de início, a conversa doente-médico sob os auspícios da influência:

> Um tratamento analítico não é nada além de uma troca de palavras entre o paciente e o analista. *O paciente fala*, conta suas experiências passadas e suas impressões atuais, admite seus desejos e suas perturbações emocionais. *O analista ouve*, procura orientar as associações de ideias do paciente, exorta, concentra sua atenção em certas direções; dá esclarecimentos e observa as reações de compreensão ou de recusa, através das quais ele remonta à doença. [...] As palavras eram originalmente mágicas e a palavra conservou, até hoje, muito de seu *antigo poder mágico*. Pelas palavras *um homem* pode tornar outro homem feliz ou levá-lo ao desespero, pelas palavras *o professor* pode transferir seu saber aos alunos, pelas palavras *o orador* conquista seus

---

[117] LACAN. Acte de fondation, p. 239. [Ed. bras.: LACAN. Ato de fundação, p. 245.]

[118] LACAN, J. Télévision [1973]. In: *Autres écrits*, p. 512-513. [Ed. bras.: LACAN, J. Televisão [1973]. In: *Outros escritos*, p. 511.]

ouvintes influenciando seus julgamentos e decisões. As palavras suscitam *afetos* e são, de modo geral, o meio pelo qual os *homens se influenciam mutuamente*.[119]

Górgias descreve os mesmos fenômenos sob o nome genérico de "poesia", arte do fazedor:

> Considero e defino toda a poesia como um discurso sob medida. Sobrevêm, naqueles que a escutam, o tremor que habita o medo, a piedade que abunda em lágrimas, o luto que se compraz na dor, e a *alma experimenta*, diante das alegrias e dos revezes que advêm de ações e de corpos estranhos, *por intermédio dos discursos, uma paixão que lhe é própria*. [...] As encantações que os deuses inspiram *vêm, através das palavras do discurso, provocar o prazer, afastar a dor*; pois a força de um sortilégio, na medida em que penetra a opinião da alma, a atrai, a persuade e a transforma como que por magia. Foram descobertas as artes duplas, o sortilégio e a magia capazes de determinar os erros da alma e as ilusões da opinião. Tantos existem que persuadiram e persuadem, tantas pessoas e de tantas coisas, produzindo um discurso falso.[120]

O interesse da sequência *pharmakon*-magia-retórica, presente no *Elogio de Helena*, é que ela é vetorizada pela potência não apenas de produzir afetos sobre o outro, curar e persuadir, mas também de produzir objetos novos como Helena (efeito-mundo) e, ao mesmo tempo ou por isso, gozar e fazer gozar

---

[119] FREUD, F. Vorlesungen zur Einführung in die Psychoanalyse [1916-1917]. In: *Gesammelte Werke*, v. XI, p. 10, traduzido e comentado por E. Thamer, p. 46 de sua tese (grifo meu).

[120] GÓRGIAS. *Elogio de Helena* (82 B 11 DK), § 9-11, grifo meu. Forneço uma tradução completa [desse texto] em *Voir Hélène en toute femme, d'Homère à Lacan*. Paris: Les Empêcheurs de Penser en Rond (Seuil), 2000, p. 78-81. [Conferir a tradução brasileira dessa passagem, reproduzida aqui, em CASSIN, B. *O efeito sofístico*. Tradução de Ana Lúcia de Oliveira, Maria Cristina Franco Ferraz e Paulo Pinheiro (trad. dos documentos). São Paulo: Editora 34, 2005, p. 297.]

(poesia). É nisso que o *pharmakon* excede a retórica, ao menos tal como a filosofia a concebe geralmente.

Eu gostaria de seguir por um momento o fio do *logos-pharmakon* em seu novelo grego, para ver como ele entrelaça a alma ao corpo e como ele entrelaça esse conjunto alma-corpo ao corpo político, à cidade como organismo ou organização, o que não deixará de ser instrutivo em relação à mudança de época e às reticências ou às ausências lacanianas.

A voz da/de uma mulher

O texto-chave da medicina analógica da alma e do corpo, psicossomatização da fala, encontra-se em *Elogio de Helena*, de Górgias. É ele que serve de matriz para todas as reconstruções ulteriores, em particular para a de Platão. Mas a palavra *pharmakon* já está ligada, pelo próprio Homero, à Helena dos braços brancos, amorodiada entre todas as mulheres, causa do desejo por excelência. Sem essa cena magnífica que corre sob todos os palimpsestos, não entenderíamos suficientemente nem Górgias nem talvez *Mais, ainda*, e é por isso que começarei por aí.

Na *Odisseia*, a guerra acabou, Troia está destruída, milhares de guerreiros vindos de todas as partes da Grécia estão mortos, Helena está de volta a Esparta com seu marido. Menelau não a matou, ele não se vingou, estamos no casamento, com a burguesia. Boa dona de casa, ela comanda as empregadas e manda preparar o jantar. Chegam hóspedes inesperados, entre os quais Telêmaco, que havia partido em busca de seu pai, visto que Ulisses é o único dos reis gregos sobreviventes que ainda não conheceu o dia do retorno. Ora, é o dia do casamento de um dos filhos de Menelau e Helena, Telêmaco choraminga, e seu choro vai estragar o jantar. Helena tem, então, uma ideia: ela pega um *pharmakon* que trouxe do Egito para ser colocado no vinho para que todos que o beberem sejam curados de suas tristezas e possam ver, com seus olhos e sem chorar, seus pais e irmãos serem assassinados. Esse *pharmakon nepenthes takholon*, "que dissipa a dor e a cólera", serve, é dito, para se deixar levar pelo prazer dos discursos (*muthois terpesthe*: "gozem das histórias"). Trata-se, portanto, de um *pharmakon* primeiro, cujo efeito é tornar possível o gozo discursivo.

Helena verte o *pharmakon*, todo mundo bebe, todo mundo fala e se compraz. Eis a cena:

> Mas a filha de Zeus, Helena, conseguiu seu objetivo. De repente ela jogou uma droga [*pharmakon*] na ânfora de onde se retirava bebida: essa droga, acalmando a dor e a cólera, dissolvia todos os males; uma dose da ânfora impedia, por todo um dia, aquele que dela tivesse bebido, de derramar uma lágrima, ainda que tivesse perdido seu pai e sua mãe, quando, com seus próprios olhos, tivesse visto cair, diante de si, sob o bronze, um irmão, um filho mais velho! Remédio engenhoso [*pharmaka mêtioenta esthla*], que a filha de Zeus recebera como presente da mulher de Ton, Polídamna do Egito: a gleba nesse país produz com o trigo mil diversidades [*pleista... pharmaka*]; uns são veneno [*polla de lugra*], outros são remédio [*polla men esthla memeigmena*], país de médicos, os mais sábios do mundo...
>
> Assim que Helena jogou sua droga e encheu as taças, ela tomou novamente a palavra e disse a eles: — Esta noite, jantem bem acomodados na sala e gozem dos discursos [*muthois terpesthe*]. Eu vou lhes contar coisas semelhantes/verossímeis/apropriadas [*eoikota katalexô*].[121]

Ela conta, então, como reconheceu Ulisses quando ele penetrou em Troia, disfarçado de mendigo, e que ela não o denunciou, regozijando-se em seu coração de ouvi-lo massacrar alguns troianos, lamentando, ao mesmo tempo, ter deixado sua

---

[121] HOMERO. *Odisseia*, IV 221-290. Cito, aqui, com pouquíssimas modificações, a tradução de Victor Bérard, que é bela apesar de tudo, em *L'Odyssée "Poésie homérique"*. Paris: Les Belles Lettres, 1972. t. I, p. 85-86. [Cf. HOMERO. *Odisseia*. Tradução de Carlos Alberto Nunes. Rio de Janeiro: Ediouro, 2001.]

filha e seu marido – haveria muito a dizer sobre essa cena de astúcia e duplicidade redobradas. Em seguida, Menelau toma a palavra: "Ah, como em relação a tudo isso, minha mulher, você fala com justeza". E para dizer dos altos feitos de Ulisses, acrescentou: "Saibam o que a energia de Ulisses empreendeu e fez ter bom êxito! No cavalo de madeira, estávamos todos nós alojados, os melhores, que trazíamos aos troianos a morte e o assassinato". O cavalo de madeira, no qual os guerreiros gregos se esconderam, foi introduzido na cidade, ele está no interior de Troia, onde Helena vive há 10 anos e onde ela desposou sucessivamente Páris e, quando Páris foi morto, seu irmão Deífobo. Eu cito, e gloso em itálico:

> Mas então você sobreveio, diz Menelau falando com Helena, nesse lugar, algum deus te trazia para fornecer aos troianos uma chance de glória, [sobre teus passos, Deífobo ia belo como um Deus] – *atétese*, pois, *por que Menelau lembraria: "por quantos braços Helena passara antes de lhe ser devolvida", observa Bérard que possui o senso das conveniências* – e por três vezes você fez a volta da emboscada oca, tocando- a em seus contornos. Você chamou, nome por nome, os melhores dos Dânaos [tornando tua voz semelhante àquela das esposas de cada argiano] – *atétese unanime* –... Eu, o filho de Tideu, e o divino Ulisses, sentados no meio, nós te ouvíamos gritar: todos os dois, nós não aguentávamos mais de tanto desejo, nós nos precipitávamos para sair, mas Ulisses nos deteve e matou a nossa vontade.[122]

Vejam a complexa situação: Helena, o que quer que tenha sido sua pretensão pouco antes, está traindo os guerreiros gregos, dentre os quais se encontram Ulisses e Menelau, seu esposo ora reencontrado. E é ele quem conta hoje a história. Ela desconfiava de que eles estivessem no interior da

---

[122]HOMERO. *Odisseia*, v. 273-284, p. 88; os colchetes são de Bérard, e os meus itálicos dão conta de suas notas.

máquina-cavalo, ela queria que eles se traíssem. E, para que eles se traíssem, ela os tornou desvairados de desejo – conta ele, então –, imitando, para cada um deles, a voz da mulher que ele não tinha visto havia 10 anos. Ela chama cada um deles pelo nome, ela diz "Ajax" com a voz da mulher de Ajax, "Ulisses" com a voz de Penélope, e "Menelau" com sua própria voz de Helena. Evidentemente, "a imitação das vozes é impossível, totalmente ridícula", diz o escoliasta; "quanto ao verso 279, ele é inteiramente incompreensível: como poderia Helena imitar a voz de cada uma das rainhas aqueias, e por que razão?",[123] pergunta-se Bérard; e Jaccottet, que, no entanto, leu Freud e Lacan, refina: "Desse verso, que pareceu suspeito a mais de um crítico, pode-se simplesmente entender que Helena fala grego, e não troiano"...[124]

Quanto a mim, extasiada por tantas denegações, extraio disso que o *pharmakon* egípcio nos abre à compreensão da voz humana como *pharmakon*, remédio-veneno, por excelência. O objeto do desejo é a voz *don juana* que chama cada homem por seu nome, um por um: "A voz está livre, se posso assim dizer, livre pelo fato de ser outra coisa que não substância".[125] Deduzo daí que Helena é o equivalente geral de todas as mulheres, que é a/uma mulher. Tal é o texto homérico, primeira camada de todos os palimpsestos. Ele enlaça mulher e droga discursiva – e até mesmo a/uma mulher, voz e significante. É um bom começo para um final lacaniano.

A teoria do *logos-pharmakon*

Não há nada de surpreendente que seja no *Elogio de Helena* que Górgias formule a teoria do *logos-pharmakon*. Seu discurso

---

[123]HOMERO. *Odisseia*, nota 1, p. 88.

[124]HOMÈRE. *Odyssée*. Traduction de P. Jaccottet. Paris: Maspéro, 1982, p. 65, note 7.

[125]LACAN. La Troisième, p. 11. [Ed. bras.: LACAN. A terceira, p. 11.]

é a primeira performance farmacêutica: ele trata os atenienses que cometiam o erro de censurar Helena, e produz, falando, uma nova Helena para sempre louvável. É por essa razão que ele serve de emblema à logologia.

Voltemos um momento ao sentido da palavra "performance" tal como a utilizo aqui. É a melhor tradução do grego *epideixis*, com o qual propus que fossem designados os seminários de Lacan. *Epideixis* é o nome mesmo pelo qual Platão designa o discurso contínuo de um Pródico, Hípias ou Górgias, por oposição ao diálogo feito de questões e respostas que tanto agrada a Sócrates.[126] Algo como uma "conferência", uma "exibição", uma "performance" justamente, que o orador dá de sua pessoa ("Os tessálios tentam gorgianizar, eles teriam critiazado se Crítias tivesse ido lhes fazer uma *epideixis heautou sophias*, uma demonstração de sua sabedoria"[127]). A palavra é formada a partir de *deixis*, o ato de mostrar, indicador estendido, mas ela se diferencia do termo filosófico corrente, *apodeixis* ou "demonstração". A *apodeixis* é a arte de mostrar "a partir de" o que é mostrado, tomando-o como fundamento, de de-monstrar: faz-se de modo que o fenômeno se torna objeto da ciência, da "lógica", e que nós aderimos a ele. A *epideixis* é a arte de mostrar "diante" e de mostrar "a mais", segundo os dois grandes sentidos do prefixo que precedem a raiz do verbo. Mostrar "diante", publicamente, aos olhos de todos (uma *epideixis* pode ser assim o desfilar de um exército, no caso de Tucídides, por exemplo, ou uma manifestação de massa); mas também mostrar "a mais", mostrar "mais" por ocasião dessa publicidade: expondo um objeto, servimo-nos do que mostramos como de um exemplo ou de um paradigma, nós o "superestimamos" – "fazer de uma mosca um

---

[126] Ver, por exemplo, Platão, *Hípias maior*, 282c, 286a, *Hípias menor*, 363c, ou *Górgias*, 447c.

[127] FILÓSTRATO. *Vidas dos sofistas*, I, 16.

elefante", diz Luciano, que pratica os elogios paradoxais. E assim mostramo-nos a nós mesmos "a mais", como orador de talento, como pretensioso. Trata-se, pois, em sentido mais amplo, de uma "exibição", improvisada ou não, escrita ou falada, mas sempre relacionada ao aparato, ao auditor, ao público; e, no sentido estrito, precisamente codificado pela retórica de Aristóteles, do "elogio" ou da "censura" que diz o belo ou o vergonhoso e visa ao prazer – a eloquência epidíti-ca, diferentemente da eloquência do conselho ou daquela do processo. Com a sofística, os dois sentidos de "performance" e de "elogio" se conjugam e se amplificam um ao outro: a mais memorável *epideixis* de Górgias (o *one man show* que o tornou célebre em Atenas) é uma *epideixis*, o *Elogio de Helena*, em que, "louvando o louvável e censurando o censurável", ele não deixou de conseguir inocentar a infiel que todos acusam desde Homero. O suplemento de *deixis* que é a *epideixis* consegue, assim, transformar o fenômeno em seu contrário, fazer dele aparecer um outro, como um coelho do chapéu: o fenômeno se torna o efeito da onipotência do *logos*.

Por essa razão, todo elogio é também, ou antes de tudo, um elogio do *logos*, uma prova do bem-fundado logológico:

> O discurso é um grande potentado (*dunastês megas*) que, por meio do menor e do mais inaparente dos corpos, performa os mais divinos atos; pois ele tem o poder de pôr fim ao medo, afastar a tristeza, produzir a alegria, aumentar a piedade.[128]

Essa definição do *logos*, ou melhor, de sua maneira de operar, é totalmente nova. Não a apreendemos bem senão *a parte post*, opondo-a àquela que a ela se oporá e que, com Aristóteles, herdamos como regime normal: o *logos* epidítico de Górgias é um *pharmakon*, o *logos* apodítico de Aristóteles é um *organon*.

---

[128] GÓRGIAS. *Elogio de Helena*, § 8.

Como *pharmakon*, remédio/veneno, para o melhor e para o pior, o *logos* se caracteriza por seu efeito:

> Há a mesma relação [*logos*] entre poder do discurso [*logos* ainda] e disposição da alma, dispositivo das drogas a natureza dos corpos: como tal droga faz sair do corpo tal humor, e que umas fazem cessar a doença, outras, a vida, assim, dentre os discursos, alguns entristecem, outros encantam, amedrontam, deixam o auditório intrépido, e alguns, por alguma má persuasão, drogam a alma e a enfeitiçam.[129]

Como *organon* em contrapartida, a linguagem é o instrumento/órgão próprio do homem, que lhe serve para desdobrar, para demonstrar a coisa a partir dela mesma: ela culmina não na epidítica retórica, mas na fenomeno-logia e na apodítica lógica. De um lado, portanto, o poder e o efeito, do outro, o desvelamento e a adequação.

A analogia fundadora (*logos*, ainda, no sentido matemático de "proporção") é assim aquela que Górgias afirma no *Elogio de Helena*. Alijamo-la, resumindo-a, numa metáfora. Escrevemo-la:

$$\frac{\text{poder do } logos}{\text{disposição da alma}} = \frac{\text{dispositivo das drogas}}{\text{natureza dos corpos}}$$

No *logos-organon*, tornado mestre, as palavras são estímulos substitutivos que se utilizam no lugar das coisas, por convenção e conveniência ("visto que quando se fala não é possível trazer as próprias coisas, mas que em lugar das coisas, devemos nos servir de seus nomes como símbolos"[130]). No *logos-pharmakon*, em contrapartida, as palavras são não estímulos substitutivos, mas os únicos estímulos eficazes sobre a alma, assim como os

---

[129] GÓRGIAS. *Elogio de Helena*, § 14.
[130] ARISTÓTELES. *Refutações sofísticas*, 165 a 6-8.

remédios são eficazes sobre os corpos. São as palavras, e não as coisas sob as palavras, que transformam nossas disposições: as palavras, sozinhas, produzem reorganizações de almas.

De uma ideia do discurso a outra, muda evidentemente a tônica colocada sobre a materialidade da palavra, como som, como significante, já por si só eficaz. Górgias gorgianiza, diz Filóstrato, ele inventa e difunde as figuras da *lexis*, do pronunciado, reduplicações retomadas reviravoltas correspondências antíteses balanceamentos homeotelêutas, impactos do *pharmakon* que se verte na alma pelas orelhas[131] — da língua em voz alta, um gênero de lalíngua mais próximo do gongorismo e do lacanismo. Esse motivo sonoro procede de uma retórica que está ligada ao tempo e que a filosofia não subjuga. A encantação e a melopeia do *pharmakon* resistem às figuras e aos tropos, encontraremos essa retórica antiaristotélica como escapada significante ao largo do sentido, e a encontraremos ab–aristotélica como gozo. As palavras, o barulho que elas fazem, sons e significantes, eis precisamente o que será preciso interditar. Voltaremos à maneira como Lacan recarrega enquanto significante, ou seja, enquanto tempo, enquanto discursividade, os lugares ou *topoi* da retórica aristotélica, no caso, os tropos ordinários da metonímia e da metáfora fabricados para espacializar o tempo, mas que ele consegue, sem nenhuma dificuldade, retemporalizar.[132]

Farmácia, política e semblante

Os gregos, antes dos modernos, não cessaram de trabalhar a relação entre a cena do corpo próprio e do organismo individual e a cena da outra organização, que é o corpo político. Como o *logos-pharmakon* é *pharmakon* em uma cena bem maior?

Os sofistas são, Hegel o diz muito simplesmente, os "mestres da Grécia". Mestres em *paideia* (educação e cultura,

---

[131] FILÓSTRATO. *Vidas dos sofistas*, 82 A 2 e 4 DK.
[132] Ver *infra*, p. 155-158.

todas as ciências e ciências humanas) e mestres em política (fundadores e legisladores, oradores presentes em todos os domínios, tribunal, conselho, grandes ocasiões epidíticas). Sua farmácia não se limita evidentemente à pessoa. O próprio elogio se faz notar como um momento de invenção política que serve a transmitir a comunhão nos valores da comunidade (inclusive a comunhão nos valores compartilhados da língua, através do sentido das palavras e das metáforas, como o sublinha Nietzsche) na criação de objetos e valores novos que modificam o consenso.

Os dois primeiros parágrafos do *Elogio de Helena* dão testemunho dessa passagem e começam a produzi-la. Não vou retomar toda a análise da passagem, vou apenas fazer um esboço, citando-os:

> (1) Ordem, para a cidade, é a excelência de seus homens; para o corpo, a beleza; para a alma, a sabedoria; para as coisas que fazemos, o valor; para o discurso, a verdade. O contrário, em cada caso, é a desordem. Homem, mulher, discurso, obra, cidade, coisa, é preciso, ao que é digno de louvor, honrar com um elogio; ao que é indigno, imputar uma reprovação, pois, reprovar o louvável ou louvar o que é digno de reprovação constitui um igual erro e uma igual ignorância.
>
> (2) Cabe, ao mesmo homem, dizer com retidão o que é preciso, e contradizer <...>... aqueles que reprovam Helena, mulher que reúne, em uma só voz e em uma só alma, a crença dos que ouvem os poetas e o ruído de um nome que abriga a memória de infortúnios. Quanto a mim, espero, dando lógica ao discurso, fazer cessar a acusação que pesa contra esta sobre a qual se ouve tanto disparate, demonstrar que aqueles que a reprovam, enganam-se, mostrar a verdade e dar fim à ignorância.[133]

---

[133] GÓRGIAS. *Elogio de Helena*, § 1-2. [Cf. GÓRGIAS. *Elogio de Helena*. In: CASSIN. *O efeito sofístico*, p. 293-294.]

É assim que a liturgia (*kosmos, kallos, sophia, aretê, alêtheia*) abre, pela maneira como um "eu" [*moi*] dá *logismon* ao *logos* – "venham passar de um ao outro em meu discurso"[134] –, sobre um *happening* que performa um outro mundo, com uma nova Helena, uma outra história da Grécia e uma nova relação com o discurso.

É contra esse poder político que Platão e Aristóteles se insurgem, cada um à sua maneira. Platão o faz muito diretamente ao completar a analogia farmacêutica de Górgias para melhor destituí-la como ilusória: todo *logos* não ligado, fundado em si mesmo e não na verdade, é semblante. A analogia se torna mimética, com *eidos*, ideia, e *eidôlon*, fantasma, adulação, semblante.

O *Górgias* começa por um relato farmacêutico: "Frequentemente acompanhei meu irmão...", "por muito tempo levantei-me cedo...". Frequentemente, portanto, Górgias acompanhava seu irmão ou outros médicos à casa de um doente que recusava tratamento: "Ele não queria beber o *pharmakon*, mas eu, eu o persuadia". "Eu afirmo – prossegue Górgias – que em qualquer cidade, se um orador e um médico se apresentam juntos, e que haja competição de discursos, na assembleia ou em qualquer outra reunião, para saber qual dos dois deve ser escolhido como médico, o médico parecerá não existir e se escolherá aquele que é capaz de falar, se ele o quiser."[135] Sócrates constrói uma contra-analogia, palimpsesto do *Elogio de Helena*, na qual, no entanto, o *logos* não é mais *pharmakon*, mas um fantasma de *pharmakon*, um *eidôlon*,[136] como a Helena de Eurípedes sobre as muralhas de Troia. "Para não fazer um discurso longo, eu quero

---

[134] *Phere dê pros allon ap'allou metastô logon.* GÓRGIAS. *Elogio de Helena*, § 9: é assim que Górgias pontua seu elogio da poesia, chamando a atenção para o ato de linguagem enquanto ele se realiza e opera.

[135] PLATÃO. *Górgias*, 456 bc.

[136] PLATÃO. *Górgias*, 463 d. Cito, em seguida, 465 bc.

te falar como os geômetras, talvez assim você me entenderá: a culinária é para a medicina o que a toalete é para a ginástica. Melhor ainda: a sofística é para a legislação o que a toalete é para a ginástica, e a retórica é para a justiça o que a culinária é para a medicina". Escrevemos isso assim:

ALMA		CORPO
	REGIME	
eidôlon *eidos*	Sofística = toalete legislação ginástica	*eidôlon* *eidos*
	REMÉDIO	
eidôlon *eidos*	retórica = culinária justiça medicina	*eidôlon* *eidos*

Sócrates prova ser um médico hipocrático verdadeiramente científico ao desdobrar a analogia: regime, por um lado (a ginástica/as leis), com função estruturante, remédio, por outro (a medicina/a justiça), com função reparadora. Com isso, é a retórica que se encontra em posição de *pharmakon* em lugar da sofística – essa substituição é, aliás, uma das manipulações do diálogo (*Górgias ou da retórica*) para colocar a sofística, que se torna inencontrável, sob o jugo da filosofia por meio da invenção da retórica. Estamos na história longa. Mas, de imediato, o que surpreende como sendo abundantemente platônico é o desdobramento *eidos-eidôlon*. O *eidos*, a forma (legislação, ginástica, justiça, medicina), visa ao bem porque ela conhece. O *eidôlon*, por sua vez, é *alogon pragma*, uma "coisa sem *logos*", uma "prática sem razão"[137] (uso magnífico e trivial da grande univocidade plural do grego quando isso se aplica ao próprio *logos* – observemo-lo: a retórica não

---

[137] PLATÃO. *Górgias*, 465 a.

fala). Os *eidôla* – sofística, toalete, retórica, culinária – são da alçada da empiria, da rotina (essa palavra *tribê* – "fricção" tem uma conotação deliberadamente obscena), da adulação, do semblante. Para cortar pela raiz a pretensão política do *logos-pharmakon*: a retórica é da ordem da culinária, não da ordem da medicina. E o sofista é um semblante de filósofo-rei, exceto no que diz respeito à verdade.

A inteligência lacaniana do semblante e o semidizer da verdade invertem a analogia e reviram Platão como uma luva virada ao avesso, no sentido de mudar de opinião. Mas existem dificuldades quanto ao fechamento da questão: o filósofo-rei que se autodefine por conhecer a verdade é melhor curandeiro político que o sofista logólogo? Ou então, meus irmãos, diria Nietzsche, ou então... Todo mundo se apressa em completar a analogia, mas não a psicanálise. Lacan – sem entrar nas polêmicas concernindo a Freud – não quis sair do suspense (a ser pronunciado à inglesa e à francesa). É aí que a mudança de época gera uma mudança de estatuto. É bastante notável, mas também muito normal, visto que é a transferência e a homonímia que manobram, que cada um se localize em Lacan, isto é, que cada um "fixione" o seu Lacan a fim de receber aquilo que cada um se autoriza a lhe pedir (e eu não sou certamente uma exceção). Um exemplo gritante e, portanto, talvez de mau gosto: na entrevista intitulada: "Escolha o seu Lacan", que Élisabeth Roudinesco e Alain Badiou deram ao *Philosophie-Magazine* de setembro de 2011, eu leio que "Não se deve jamais ceder no que diz respeito ao desejo" é, para Roudinesco, a última palavra da ética lacaniana; o que Badiou retrata em "ceder no que diz respeito ao comunismo é ceder no que diz respeito a toda forma de desejo político".[138] "Conservador esclarecido", tal será, portanto, a posição de ambiguidade máxima, com efeito, feminizada, masculinizada, neutralizada.

[138] Alain Badiou, p. 78 e 79 desse número de *Philosophie-Magazine*.

Na ponta do palimpsesto:
uma psicanálise na escala de um país?

Na ponta contemporânea do *logos-pharmakon*,[139] eu gostaria de evocar a comissão Verdade e Reconciliação como uma espécie de epifania política. Ela me servirá de ponto de comparação moderno para instruir o estatuto lacaniano da cura, que deve ser minorado assim como a verdade.

A Comissão é a chave do dispositivo inventado pela África do Sul para evitar o banho de sangue previsível ao final do *apartheid*. Ela deve contribuir para produzir uma nova nação, *rainbow people*, o povo arco-íris, um novo objeto do mundo. Ora, ela é, e não é, senão um dispositivo de palavra explicitamente ligado ao *logos-pharmakon* e à performance discursiva. Desmond Tutu e Nelson Mandela falam então de uma "nova Atenas". "Atenas", porque a política é ali uma questão de discurso; "nova", porque se trata de criar o "povo arco-íris" após o pecado mortal do *apartheid*, que a ideia de "barbárie" grega, na qual não cessamos de tropeçar, entre natureza e cultura, não é suficiente para pensar. Mas "nova" também porque o dispositivo induz explicitamente, isso é dito e repetido, a uma "psicanálise na escala de um país".

Para promover o que Tutu chama "o milagre da solução negociada", é preciso fazer apelo à droga leve da palavra contra a droga pesada da justiça punitiva habitualmente instituída tanto por Nuremberg como pelos tribunais internacionais. Não ficaremos surpresos, portanto, de ouvir Desmond Tutu, arcebispo anglicano da Cidade do Cabo e prêmio Nobel da Paz, falar como Górgias:

---

[139] Permito-me remeter, no que diz respeito à história do *logos-pharmakon* entre Górgias e Desmond Tutu (que passa pelo *Górgias* de Platão, mas também por Élio Aristides e seus *Discursos sagrados*), a: *Voir Hélène en toute femme, d'Homère à Lacan*, p. 105-112. [Ed. bras.: CASSIN, B. *Ver Helena em toda mulher*. Tradução de Fernando Santoro. Disponível em: <https://goo.gl/hXF6v1>.]

É um lugar-comum tratar a linguagem simplesmente como palavras e não como atos. [...] A Comissão deseja adotar aqui um outro ponto de vista. A linguagem, discurso e retórica, faz as coisas [*Language, discourse and rhetoric, does things*]: ela constrói categorias sociais, ela dá ordens, ela nos persuade, ela justifica, explica, dá razões, desculpa. Ela constrói a realidade. Ela move uns contra outros.[140]

Não é difícil fazer a aproximação entre a farmácia lógica de Górgias e as palavras de ordem da Comissão. *"Revealing is healing"*, "Revelar é curar", na capa dos processos que ela instrui, *"Healing our land"*, "Curar nosso país", nas bandeirolas das sessões públicas. A terapia se desdobra na metafórica um pouco obsessiva do *apartheid* como doença do corpo social, com síndromes, sintomas, feridas, anticépticos, medicamentos. Falar, dizer, *tell the story, tell your story, full disclosure* escandem um iniciativa de cuidados ao mesmo tempo individuais e coletivos (*"personal and national healing"*, *"healing through truth telling"*, V, § 5). Ora, como é de uma doença da alma que se trata – é, no final das contas, uma maneira corrente de conceber o pecado (o *apartheid* acabou sendo, muito tarde, condenado como pecado mortal), e mesmo o mal, desde Sócrates, para quem ninguém é mau voluntariamente –, e visto que a curamos falando, trata-se aí explicitamente de uma psicanálise na escala de um país, que, aliás, como bom analisante, assume o seu custo. A Comissão se inscreve, portanto, com toda consciência, em uma linhagem de terapia discursiva que vai da sofística à psicanálise via a *catharsis*.

Ao fazê-lo, ela minora efetivamente a verdade como ela merece: ela não quer a verdade, nada além da verdade, toda a

---

[140]TUTU, D. *Report*, III, § 124, segundo a numeração que aparece na versão de 1998 entregue a Nelson Mandela e publicada nos principais jornais. Traduzo aqui uma passagem do relatório que não consta no *Amnistier l'apartheid. Travaux de la commission Vérité et Réconciliation sous la présidence de Desmond Tutu*. Traduction de P.-J Salazar. Paris: Seuil, 2004, ao qual eu remeto.

verdade, seja ela histórica, judiciária ou individual, mas lhe é suficiente produzir "verdade o bastante para" construir o povo arco-íris, e a verdade não é outra coisa senão o "ingrediente essencial do anticéptico social".[141] Essa verdade se define essencialmente como uma verdade sobre o passado: é preciso saber o suficiente sobre ele para compartilhar um passado comum (que ninguém possa dizer: "eu não sabia"), a fim de não construir algo novo sobre a toxidade de um recalcamento gerador de sintomas e de violências contínuas. É necessário admitir que a verdade não preexiste ao procedimento: o próprio *apartheid* não é uma verdade-origem, mas uma verdade-resultado, produzida e fixada no e pelo só-depois.

Simultaneamente, a efetividade do dispositivo de palavra é produzida por uma astúcia, a saber, o próprio dispositivo de anistia – cuja relação com o dispositivo do tratamento analítico não é simples, mas tampouco impossível de ser entendida: tudo o que é dito não será punido, mas apenas o que é dito não será punido. A injunção é aquela da *full disclosure*, "tudo dizer", pois o que é dito, e somente isso, pode ser anistiado. A anistia se define como "a verdade em troca da liberdade", de tal forma que a verdade é minorada uma segunda vez: ela não importa enquanto tal, mas é uma simples moeda de troca. Ela não é toda, mas somente enquanto ela é toda dita. A anistia é assim descolada de seu par etimológico grego, a amnésia.[142] Através disso, a anamnese individual que se trata de verter ao coletivo é assimilada ao relato: "A função narrativa é redentora por si mesma. Os relatos mandam o acontecimento para os confins".[143]

---

[141] TUTU, D. *Report*, V, § 12.

[142] As duas palavras em francês [como em português] não formam senão uma palavra em grego, e a primeira anistia conhecida, essa do decreto de 403 que sucede em Atenas a guerra civil e a tirania dos Trinta, impunha *mê mnêsikakein*, "não lembrar os males", sob pena de morte.

[143] TUTU. *Report*, V, § 219.

Esse dispositivo é genial pelo fato de que ele só constrange os demandantes, aqueles que o insustentável *apartheid* obriga a sair do silêncio e do recalcamento, mas também pelo fato de que ele convida cada um a ser um demandante. Não se trata de perseguir os culpados, como na justiça punitiva, mas de ouvir os requerentes. Tendo como terceiro, entre si e os outros, ou entre si e si mesmo enquanto um outro, a Comissão, cujo suposto saber se nutre, por outro lado, de tudo o que ela aprende, audição após audição; supõe-se que o que lhe é dito só vem acrescentar ao saber que ela já tem e que faria vocês serem condenados se a ela não o dissessem. Ela, ela não faz senão ouvir, não julga nem perdoa, mas recomenda a anistia. Pois o único veredicto possível, se "tudo" lhe foi dito, será a anistia...

Será que isso seria falar de psicanálise em termos por demais crus? Eis que *story-telling* e anistia fazem as vezes de anamnese e de cura. A menos que essa psicanálise "na escala de um país", com sua farmácia catártica, não menos anglo-saxônica que grega, torne sensível o fato de que não é exatamente assim que age a psicanálise, ao menos a lacaniana; e que esse estranho final de partida mostre a dificuldade que existe para a psicanálise em se aliar simplesmente à política e à medicina.

Um "benefício adicional" –
se ainda estamos nisso na psicanálise

Curar, portanto, um indivíduo, um país. Na linha do anti-*furor sanandi*, a cura, diz Freud diz Lacan, *catharsis* ou não, é um "benefício adicional" do tratamento psicanalítico.[144] É até mesmo, segundo a expressão de Serge Cottet, um benefício "lateral"[145] – afinal de contas, a saúde não é assim tão certa,

---

[144] LACAN. Variantes de la cure-type, p. 324. [Ed. bras.: LACAN. Variantes do tratamento-padrão, p. 327.]

[145] COTTET, S. Latéralité de l'effet thérapeutique en psychanalyse. *Mental*, 10, *Qu'est-ce que la psychanalyse appliquée?* [Disponível em: <https://goo.gl/N9aV6w>].

nem quanto à sua definição nem quanto à segurança que ela traz, e corre-se sempre o risco de algo pior que o sintoma. Os critérios terapêuticos se desvanecem "na medida mesma em que se procura neles uma referência teórica" para se fazer da cura, como da verdade, uma questão extraterritorial. Mais do que nunca, a "saúde mental", o DSM IV está aí para provar, é para nós todos, nossos filhos e nossos hospitais, um grande risco. Fazer da saúde mental a questão central e a finalidade da ação é, talvez, o nó da querela entre psicanálise e política. A política atualmente não cessa de exibir sua relação com a prevenção e com o cuidado, *care* ou não, para otimizar a performance social cujo bem-estar individual é uma garantia. Em política, é preciso também diagnosticar o que não vai bem e querer que isso melhore. Por onde passa a diferença? Ela tem a ver com o lugar do discurso. Podemos dizê-lo sem medo de nos enganarmos, basta ver o documentário *Sainte-Anne, hôpital psychiatrique*,[146] para perceber o horror da ausência de discurso-*pharmakon*. Neurolépticos, eletrochoques, camas de contenção, juntamente com uma ausência de escuta, geram comportamentos de enfermeiros-carcereiros e de médicos aterrorizados/aterrorizantes, com doentes indignados ou embrutecidos de pijamas abertos. A ciência exclui a fala – falar por falar, falar em pura perda, em suma, o *logos-pharmakon* – com todas as aparências de legitimidade, inclusive aquela democraticoide de a mesma coisa para todos. Não há outro *pharmakon* aqui além daquele da indústria farmacêutica.

Quando Lacan, ao dizer o avesso da psicanálise, deixa, finalmente, ao menos uma vez (estamos imediatamente após 1968), ser colocada "a questão do lugar da psicanálise no político", ele começa (e, aliás, termina) estipulando que "a

---

[146] Documentário de Ilan Klipper (Les Films Grain de Sable; Arte France, 2010), um dos documentários mostrados e discutidos por ocasião do festival "Vous êtes fous!?", proposto por L'Appel des Appels no cinema 3 Luxembourg, em Paris, junho de 2011.

intrusão no político só pode ser feita reconhecendo-se que não há discurso — e não apenas analítico — que não seja do gozo, pelo menos quando dele se espera o trabalho da verdade".[147] O gozo é, então, preferencialmente, gozo feminino, pois "é claro, contudo, que a palavra *verdade* não provoca nelas esse tremor particular por acaso": "elas", no caso, as analistas-mulheres, que "a virtude revolucionária da análise" anima.[148] Eis que a análise se encontra politizada, como que para fazer rir, do lado mulher, sob a condição de que ela seja filósofa (ou filósofa-assistente, com toda a distância entre o amor e o tremor) — mulher-política-filósofa, o mais longe da Grécia — visto que isso que a faz tremer é a esperança do trabalho da verdade... O amor à verdade do analista-rei freudiano, tornado aquele da analista-rainha que maneja a palavra *verdade* fora da salubridade da lógica proposicional, vê-se analisado sem rodeios. "O que é o amor à verdade?": "O amor à verdade é o amor a essa fragilidade cujo véu levantamos, é o amor ao que a verdade esconde, e que se chama castração"[149] — a verdade é, a saber, a impotência, ou seja: "verdade, irmã do gozo", no título da quarta sessão, a que se segue. Voltaremos a isso no último capítulo.

Seria preciso, com faixa vermelha e chamariz, continuar a questionar, em função da psicanálise, a relação entre micro e macro, indivíduo e cidade, sujeito e Estado ou república, requestionar a ética "da" psicanálise ao mesmo tempo que a articulação entre ética e política.

Não é impossível que Protágoras ajude a compreender por que ou como Lacan se aventura tão pouco em política, a falar de política. Pois o sofista, contrariamente ao analista (ao

---

[147] LACAN. *L'Envers de la psychanalyse*, p. 90. [Ed. bras.: LACAN. *O avesso da psicanálise*, p. 74.]

[148] LACAN. *L'Envers de la psychanalyse*, p. 62. [Ed. bras.: LACAN. *O avesso da psicanálise*, p. 52.]

[149] LACAN. *L'Envers de la psychanalyse*, p. 58, como para a citação seguinte. [Ed. bras.: LACAN. *O avesso da psicanálise*, p. 49.]

a–nalista), está, desde sempre, na política sem esperar do gozo discursivo o menor trabalho da verdade: o trabalho da verdade não o faz tremer. Desse gozo ele não espera nada senão o político, o trabalho do político, diretamente. Eu diria, de bom grado, contra as aderências platônicas estipuladas com tanta ironia por Lacan, servindo-me grosseiramente de Protágoras e de Arendt,[150] que falar de verdade, e não menos da verdade do matema que da verdade da castração, é colocar o pé fora do domínio político. Protágoras (é verdade que ele fala pela boca de Sócrates, que faz sua apologia!) é perfeitamente claro: "nunca se fez ninguém passar de uma opinião falsa para uma opinião verdadeira"[151] – "verdadeiramente falando, isso não é algo a ser feito nem é factível". Mas é preciso "operar a transformação de um estado ao outro" e "fazer passar de um estado menos bom a um estado melhor". Protágoras muda a distribuição: ele substitui a bivalência verdadeiro/falso por um comparativo "melhor". E ele define mais precisamente esse melhor como um "melhor para" um indivíduo ou uma cidade, propondo, assim, o que eu chamo um comparativo dedicado, dedicado ao caso a caso, em suma: clínico. Aquele que sabe operar a transformação dos estados é um sábio: "o médico produz isso pelos remédios [*pharmakois*], o sofista, pelos discursos [*logois*]", e Protágoras, o mais sábio de todos, tem toda razão em se fazer pagar caro. Aqui vemos, a partir de um relativismo consequente, o vínculo entre discurso, cuidado, competência e dinheiro, os ingredientes do *pharmakon*; e, visto que a cidade é uma criação contínua de discurso ("o mundo mais tagarela de todos", dizia Jacob Burckhardt, que não cessa de citar Arendt), o laço entre discurso, pragmática, gozo e política. Esses fechamentos sumários são tão difíceis de pensar quanto de evitar. Com efeito,

---

[150] Ver ARENDT, H. Vérité et politique. In: *La crise de la culture*. Paris: Gallimard, 1972.

[151] Cito e comento aqui PLATÃO. *Teeteto*, 166 b–167 e.

uma das maneiras mais eficazes de escapar disso é, sem dúvida, não falar disso. O que seria congruente com o diagnóstico de Lacan sobre a metafísica:

> Quanto a meu "amigo" Heidegger, evocado acima em nome do respeito que lhe tenho, que ele tenha a bondade de se deter um instante – anseio que emito como puramente gratuito, já que sei muito bem que ele não poderia fazê-lo – deter-se, eu dizia, na ideia de que a metafísica nunca foi nada e não poderia prolongar-se a não ser ao se ocupar de tapar o buraco da política. É a sua dimensão fundamental.[152]

Mas um tal silêncio, supondo-se que seja um bom modo de negação pragmática para o analista, pode, então, gerar tantas críticas quanto um discurso de reitorado.

Pharmakon e laço social

A posição comum Górgias-Lacan, em relação à filosofia e à ontologia, deve-se à concepção que eles têm em comum da linguagem e, mais precisamente, do discurso como laço. "A palavra *referência* não pode se situar senão a partir disso que constitui o discurso como laço." "O significante como tal não se refere a nada que não seja um discurso, isto é, um modo de funcionamento, uma utilização da linguagem como laço."[153] Não deixemos o político. O *logos pharmakon* é também *pharmakon*, talvez sobretudo, por ser constitutivo do laço social; na Grécia: criador-facilitador da *polis*, na África do Sul: do povo arco-íris.

É a própria definição que Lacan dá do discurso, e que *Mais, ainda* não cessa de repetir: "No fim das contas, há apenas

---

[152]LACAN. Introduction à l'édition allemande des *Écrits*, p. 553-554. [Ed. bras.: LACAN. Introdução à edição alemã de um primeiro volume dos *Escritos*, p. 552.]

[153]LACAN. *Encore*, p. 32. [Ed. bras.: LACAN. *Mais, ainda*, p. 43.]

isto, o laço social. Designo-o com o termo *discurso* porque não há outro meio de designá-lo, uma vez que se percebeu que o laço social só se instaura por ancorar-se na maneira pela qual a linguagem se situa e se imprime, se situa sobre aquilo que fervilha, isto é, o ser falante".[154]

Um discurso determina "uma forma de laço social", e os quatro discursos juntos são "o laço social". O discurso do analista tem como singularidade "visar ao sentido": não visar a verdade, como o discurso filosófico, mas tampouco "visar o sentido". "Visar ao sentido", não o entendo como "visar o sentido": visa-se ao sentido como se visa à cabeça ou ao coração, ou como se "ama a você". "O que o discurso analítico faz surgir é justamente a ideia de que esse sentido é semblante";[155] "palavra" [*mot*], *motus*,[156] o sentido indica a direção na qual ele naufraga".[157]

A mudança de época está aí: o discurso como gozo pode se sustentar como político, ou se afundamentar [*effonder*], para retomar o termo forjado por Deleuze, no furo da relação sexual que não existe, não na realidade política, mas no real do inconsciente. A diferença de época (e de estatuto) converge talvez em termos lacanianos com a diferença entre realidade e real. Mas o ponto de conjunção que se mantém aí é a primazia do significante, que faz circular os furos, todos relacionáveis entre si, furo do real, furo soprador [*trou du souffleur*], furo do político, etc.[158]

---

[154]LACAN. *Encore*, p. 51. [Ed. bras.: LACAN. *Mais, ainda*, p. 74.]

[155]LACAN. *Encore*, p. 76. [Ed. bras.: LACAN. *Mais, ainda*, p. 106.]

[156]Jogo entre os termos *mot* ("palavra", em francês) e *motus* ("movimento", em latim). (N.R.)

[157]LACAN. *Encore*, p. 74. [Ed. bras.: LACAN. *Mais, ainda*, p. 106.]

[158]Sabemos, apoiando-nos no capítulo I do Seminário *O avesso da psicanálise* ("Produção dos quatro discursos") e no capítulo II do Seminário *Mais, ainda* ("A Jakobson"), que não há lugar para um quinto discurso, o quarto de volta que opera sobre quatro termos, cuja sequência é

No ponto em que me encontro, o que será decisivo é a maneira como Lacan, em "Variantes do tratamento-padrão", cujo título ele considerava "abjeto" em 1966, passa imediatamente da cura para a ambiguidade, "a ambiguidade insustentável que se propõe à psicanálise".[159] "Ela está" (prossegue ele utilizando-a, pois se trata da ambiguidade ou da psicanálise, tanto uma quanto a outra gramaticalmente autorizadas?) "ao alcance de todos". "É ela que se revela na questão do que falar quer dizer, e todos a encontram ao acolher simplesmente um discurso." Do lado do discurso, *querer dizer* "já deixa claro que ele não o diz". Do lado do ouvinte, o querer dizer se desdobra mais uma vez: há o que aquele que fala "quer lhe dizer", o sentido que ele lhe endereça, e o que o discurso "lhe ensina sobre a condição do falante", o que o discurso lhe diz

imutável, produz quatro discursos e nenhum a mais. Se houvesse um outro [discurso], mas não há outro (parafraseio Lacan sobre o gozo), se houvesse um discurso do sofista, se..., pode-se sempre imaginar que ele teria em comum com o discurso do analista o fato de ter a mesma posição para a, como agente, e que ele teria, como diferença, não colocar o saber, S2, em posição de verdade, sob a barra do a. Ele seria substituído por S1, o significante-mestre, o S2 se encontraria do outro lado, sob a barra, em posição de produção... Lembremos os lugares e os elementos ou termos:

Lugares			*Elementos ou termos*
o agente	→	o outro	S1 = significante mestre
a verdade		a produção	S2 = saber
			$\$$ = sujeito
			a = mais-de-gozar

O filósofo, que gosta de dar de esperto, teria, talvez, vontade de escrever, invertendo os termos nas frases:

Analista

$$\frac{a}{S2} \rightarrow \frac{\$}{S1}$$

Sofista

$$\frac{a}{S1} \rightarrow \frac{\$}{S2}$$

[159] LACAN. Variantes de la cure-type, p. 330. [Ed. bras.: LACAN. Variantes do tratamento-padrão, p. 332.]

"de *quem* o diz". O sentido é um produto, um resultado, mas o sujeito que fala é, ele também, um produto, um resultado.

O só-depois do sentido e o só-depois do sujeito, a fixão deles, são antecipadamente comprados sob o signo da ambiguidade. É do "falar a" que se trata, disso que constitui a retórica, diferentemente do "falar de", que constitui a filosofia: isso que Lacan chama, então, de "poder discricionário do ouvinte", que o analista não faz senão "elevar a uma segunda potência". O analista, ao impor a dupla regra de um discurso "contínuo" ou "sem descanso" (de tal forma que o silêncio fala), e de um discurso "sem reservas" ou "sem vergonha", eleva ao quadrado a característica mesma do discurso como tal, a saber, a ambiguidade. A partir de então, trata-se de "uma ambiguidade sem rodeios",[160] ligada à posição de intérprete – que repercute numa "injunção secreta" que o falante "não pode afastar nem mesmo ao se calar". Tendo como único limite – aliás, pouco observado – a sintaxe, que, diz Lacan como bom saussuriano, articula a fala do sujeito em discurso na língua que ele emprega.

O que quero enfatizar com força aqui é como a problemática do *logos-pharmakon* se abre na análise como problemática da ambiguidade ligada à fala, ao discurso e à língua. Entramos na gigantomaquia, habitual em filosofia, que faz da homonímia, inicialmente encarnada pela discursividade sofística, o mal radical.

---

[160] LACAN. Variantes de la cure-type, p. 331. [Ed. bras.: LACAN. Variantes do tratamento-padrão, p. 333.]

QUARTA PARTE

Sentido e não-sentido
ou o antiaristotelismo de Lacan

*Essa identidade fonemática, nomes do pai [noms du père] e não-tolos
erram [non-dupes errent], não creiam que não haja aí enigma para
mim mesmo — e é exatamente disso que se trata.*
JACQUES LACAN. *Les non-dupes errent* (13 nov. 1973)

O enigma é provavelmente isso, uma enunciação...?
JACQUES LACAN. *O avesso da psicanálise* (1969)

Aristóteles contra os sofistas, Freud e Lacan

Se os dois mundos, lacaniano e sofístico, são comparáveis, é muito precisamente porque os sofistas e Lacan têm o mesmo outro: o regime filosófico "normal" do discurso, definido pela equivalência entre "dizer" e "significar alguma coisa", a saber, "alguma coisa que tenha um único sentido e o mesmo para si mesmo e para outrem". A série é elaborada por Aristóteles como réplica à sofística; essa decisão normativa é clara para Lacan.[161] É, portanto, ao menos plausível que um

---

[161] A "palavra plena" é uma palavra "plena de sentido": "a vontade de sentido consiste em eliminar o duplo sentido". LACAN, J. Vers un signifiant nouveau. *Ornicar?*, Paris, n. 17-18, 15 mars 1977, aqui p. 11. [Ed. bras.: LACAN, J. Rumo a um significante novo. *Opção Lacaniana*, São Paulo, n. 22, 1998, p. 6-15.]

regime antearistotélico e um regime pós-aristotélico como a psicanálise lacaniana possam se comunicar em seu não-aristotelismo, mesmo que os modos do "não" *a parte ante* e *a parte post*, privação, negação, *escape*, restem a ser elucidados.

O interesse do retorno ao antigo é permitir detalhar a ascendência do discurso normal, ou seja: 1) a maneira segundo a qual nos conformamos a ele, na medida em que todos somos, quer queiramos ou não, quer saibamos ou não, aristotélicos ordinários; e 2) a maneira como o transgredimos, na medida em que o regime aristotélico é um universal construído por interdição a todo outro regime. Eu gostaria de insistir, *en passant*, sobre esse fato de língua, que os melhores dicionários não comentam: quando se *diz* de maneira *inter*, "entre", o mesmo *inter* habermasiano que "inter-rogação" ou "inter-disciplinar", eis que em vez de comunicar e praticar pontos, exclui-se e se *interdita*...

O que está em jogo é analisar o que chamei de "a decisão do sentido". Qual é *a posteriori* o tipo de anormalidade dos sofistas? Coloquei uma vírgula no subtítulo deste capítulo: os sofistas, Freud e Lacan. A vírgula é totalmente intencional; penso que Freud e Lacan são, em termos aristotélicos e em função dessa decisão do sentido, também sofistas, e talvez mesmo primeiramente e antes de tudo sofistas. Com a diferença de que Lacan o é mais (de outro modo, mais) do que Freud.

Na cena primitiva se decidem, ao mesmo tempo, o que falar quer dizer e o que é ser um homem, um animal dotado de *logos*. Como que sublinhando a pertinência de minha vírgula, "falasser" [*parlêtre*[162]] é a tradução lacaniana dessa definição aristotélica do homem. Lacan, que inventa a expressão por volta de 1974, propõe em "Joyce, o sintoma" que ela substitua "o ICS de Freud (inconsciente, é assim que se lê): saia

---

[162] Neologismo criado por Lacan a partir dos verbos *parler* ("falar") e *être* ("ser").

daí então, que eu quero ficar aí".[163] Com "falasser" [*parlêtre*], Lacan relê (e religa) Aristóteles com Freud via Górgias, e articula a logologia, crítica da ontologia, e o inconsciente, achado freudiano, afrontarem-se.

> É um círculo vicioso dizer que somos seres falantes. Nós somos falasseres [parlêtres], palavra que substitui com vantagem o termo inconsciente, por um lado, por gerar um equívoco com parlote ("bate-papo", "falação"), e com o fato de que é com a linguagem que nós sustentamos essa loucura de que há ser.[164]

A cena primitiva se desenvolve no livro *Gamma* da *Metafísica*, de Aristóteles, no momento da demonstração do princípio de todos os princípios, a saber, o princípio da não-contradição, "o mais firme de todos os princípios sem exceção".[165] Lacan não se engana quanto a isso, é sobre isso que ele focaliza o seu diagnóstico:

> Leiam a *Metafísica* de Aristóteles, e espero que, como eu, vocês sintam que a coisa é extremamente totalmente babaca. [...] Três ou quatro séculos depois de Aristóteles, começaram a ser emitidas as dúvidas naturalmente as mais sérias sobre esse texto, porque ainda se sabia ler. [...] Devo dizer que Michelet[166] não é dessa opinião, nem eu tampouco. Com efeito, na verdade – como vou dizer isto? – a babaquice serve de prova quanto à autenticidade. O que domina é a *autenticidade da babaquice*. [...] A babaquice é aquilo em que se entra quando as perguntas são formuladas num certo nível, que é determinado, precisamente, pelo

---

[163] LACAN. Joyce, le symptôme, p. 565-566, citado e comentado por Elisabete Thamer, p. 71-72 de sua tese, como a citação seguinte. [Ed. bras.: LACAN. Joyce, o sintoma, p. 561.]

[164] LACAN, J. Conférence à Columbia University [1975]. *Scilicet*, Paris, n. 6-7, 1976, p. 49.

[165] ARISTÓTELES. *Metafísica*, IV, 3, 1005 b 19-23.

[166] *"Não o nosso poeta"* [...] mas *"um sujeito da Universidade de Berlim"*...

fato da linguagem, ou seja, quando nos aproximamos de sua função essencial, que é a de *preencher tudo o que deixa de hiante o fato de que não possa haver relação sexual*. [...].
É apaixonante ver alguém tão agudo, tão sábio, tão alerta, tão lúcido, pôr-se a patinar dessa maneira, e por quê? Porque ele se interroga sobre o princípio. Naturalmente ele não tem a menor ideia de que o princípio é isto: é que não há relação sexual. Ele não tem a menor ideia disso, mas se vê que é unicamente nesse nível que ele se coloca todas as perguntas.[167]

A babaquice é enganar-se de princípio. Ela é apaixonante e autêntica porque está conectada diretamente com a função essencial da linguagem: tapar os buracos. Só o buraco vale (riamos) e todos os buracos se equivalem: a metafísica, mesmo e sobretudo superada por Heidegger, é o tapa-buraco da política (a babaquice de Heidegger foi tornar isso visível), o princípio da não-contradição é o tapa-buraco da linguagem; e todos esses buracos[168] retornam ao furo soprador [*trou du souffleur*], a do inconsciente estruturado como uma linguagem, mas uma linguagem conectada ao real, cujo primeiro princípio é que não há relação sexual. É em torno disso que giro nos dois capítulos que se seguem, para tentar situar, talvez, um outro tipo de babaquice.

O enunciado inaugural do princípio da não-contradição é, eu o relembro: "Impossível que o mesmo, simultaneamente, pertença e não pertença ao mesmo e segundo o mesmo". Crer que tal é o primeiro princípio, é isso que Lacan nomeia a babaquice de Aristóteles. Distinguir-se-á, lendo Aristóteles, o procedimento de demonstração, a saber, a refutação, e o que ela mostra ao princípio do princípio.

---

[167]LACAN. *...ou pire* [15 déc. 1971], p. 29. [Ed. bras.: LACAN. *...ou pior*, p. 27-29.]

[168]Em francês, *trou*: "furo" ou "buraco". (N.T.)

O procedimento, para começar. O princípio, não se pode demonstrá-lo diretamente: não se demonstra diretamente o princípio de todos os princípios, tal é exatamente a aporia da fundação última, marcada de Aristóteles (*anagkê stênai*) a Heidegger ou Karl-Otto Apel.[169] Não se pode, do princípio, senão fazer a petição. Mas, visto que mal-educados insistem em pedir uma demonstração, Aristóteles lhes propõe uma demonstração por refutação, que os coloca, eles mesmos, em causa na medida em que eles falam e o que quer que digam, enquanto homens, portanto. Eis essa refutação, na qual sublinho as passagens que parecem naturais mas criam o forçamento e fazem tocar a base do princípio:

> Pode-se, no entanto, demonstrar por refutação [...] que há impossibilidade <de que o mesmo pertença e não pertença ao mesmo segundo o mesmo> desde que o adversário simplesmente diga algo [*an monon ti legêi*]; e se ele não diz nada [*an de mêthen*], é ridículo procurar o que dizer em resposta àquele que não sustenta discurso sobre nada [*ton mêthenos ekhonta logon*], na medida em que, em função disso, *ele não sustenta nenhum discurso* [*mêthena ekhei logon*]; pois um tal homem enquanto tal é de saída semelhante a uma planta [*homoios phutôi*] [...]
> O ponto de partida em todos os casos desse gênero não é pedir que se diga que algo é ou não é (pois rapidamente se afirmaria que está aí a petição de princípio), mas que ao menos signifiquemos algo, tanto para si quanto para um outro [*sêmainein ge ti kai autôi kai allôi*], pois isso é necessário, a partir do momento que se diz algo [*eiper legoi tí*]. Pois para o que não significa, não haveria discurso [*ouk an eiê logos*], nem se dirigindo a si mesmo nem dirigido a um outro. E se alguém aceita significar, haverá demonstração: desde então, com efeito, haverá algo de

---

[169] Ver: CASSIN. B. *Aristote et le logos*. Paris, PUF, 1997, cap. I. [Ed. bras.: CASSIN, B. *Aristóteles e o logos*. São Paulo: Edições Loyola, 1999, cap. I].

determinado [*ti hôrismenon*]. Mas o responsável não é aquele que demonstra, é aquele que sustenta o ataque, pois destruindo o discurso, ele sustenta um discurso. [...] Se [...] afirmássemos significar uma infinidade de coisas, é claro que *não haveria discurso* [*ouk an eiê logos*]; pois não significar uma única coisa é não significar nada absolutamente [*to gar mê hen sêmainein outhen sêmainein estin*], e se as palavras não significam, destrói-se a possibilidade de dialogar uns com os outros, e na verdade consigo mesmo: pois não se pode pensar em nada sem pensar em algo único, e se o pudermos, colocaremos então uma palavra única sobre essa coisa.[170]

Aristóteles demonstra o indemonstrável princípio da não-contradição por meio de uma série de equivalências, tomadas como evidências: falar é dizer algo, dizer algo é significar algo, significar algo é significar algo que tem um sentido e um único sentido, o mesmo para si mesmo e para outrem. É isso a "decisão do sentido". Querer dizer algo, *legein ti*, sêmainein ti, sêmainein hen, tal é, portanto, a decisão que Aristóteles exige de todo homem, se ele quer ser um homem, ou seja, um animal dotado de *logos*. O princípio da não-contradição está fundado na univocidade do sentido e em nenhuma outra coisa. O que é impossível não é que uma substância seja sujeito de predicados contraditórios, mas que a mesma palavra tenha e não tenha, simultaneamente, o mesmo sentido. O sentido é a primeira entidade encontrada e encontrável a não tolerar a contradição. Não é o inconsciente, é o próprio mundo que é estruturado como uma linguagem, ou ainda: o ente é feito como um sentido. A proibição da homonímia é para a linguagem o que a interdição do incesto é para a sociedade.

[170] ARISTÓTELES. *Metafísica*, IV 4 1006 a 1-1006 b 1, grifo meu. Apresento aqui a tradução, feita com M. Narcy, em *La décision du sens*. Paris: Vrin, 1989, p. 127-129.

É simplesmente quando imaginamos que Aristóteles quer dizer alguma coisa que nos preocupamos com o que ele abarca. O que ele prende em sua malha, em sua rede? O que ele retira, o que ele manipula? Com o que ele lida, com o que se bate? O que ele sustenta, o que ele trabalha, o que ele persegue?[171]

Lacan reflete a exigência aristotélica aplicando-a ao próprio Aristóteles como objeto hermenêutico: Aristóteles "quer dizer alguma coisa". Lacan tem, sobre Aristóteles, a vantagem de tornar manifesto que o sentido ganha sentido apenas via uma operação e um dispositivo, em função do adversário, em termos de manipulação e de objetivo – o que falar quer dizer. Muito precisamente: sem exceção ao universal, sem outro que diz não, e sob a condição de tomar o outro ao pé da letra, não há demonstração possível. É preciso um "foi você que o disse". Somente a refutação faz valer que o próprio adversário, ao negar o princípio, já sempre o pressupôs. Esse é um procedimento de demonstração irrefutável, e que nos acontece mais frequentemente do que gostaríamos, não sem relação com a lógica intuicionista cujo uso conhecemos na "pedagogia" dos psicóticos que também somos, particularmente em matéria de princípios. Pois, para escapar disso, é preciso (mas, sem dúvida, é suficiente também) que não digamos o que dizemos, e que não sejamos nós mesmos. Evidentemente, que sejamos obrigados a vê-lo complica um pouco as coisas. Feitas as contas, com Aristóteles assim como no dispositivo da comissão Verdade e Reconciliação, e no dispositivo da análise, trata-se sempre de fazer de modo que o outro fale, nem que seja por seu próprio silêncio. Admitindo então que ele diz, fazemos com que ele ouça o que diz. É nesse ponto de reflexão do dispositivo que Lacan é hiperaristotélico, mas, se ele o é, é porque Aristóteles, servindo-se do procedimento notoriamente sofístico que é a

---

[171] LACAN. *Encore*, p. 51. [Ed. bras.: *Mais, ainda*, p. 74.]

refutação, é, nesse sentido, seguramente sofista. Aristóteles faz o animal dotado de *logos* entender que ele tem um *logos* normal-normalizado-normativo, Lacan faz o falasser entender que ele escapa a essa norma. A norma é, assim, circunscrita duas vezes. Por um lado, ela precisa da exceção para confirmar a regra: ela é fundada somente pelo que lhe é exterior. Por outro lado, ela aparece como um notável subconjunto de um maciço mais vasto, tal uma espécie dominante pois bem adaptada ao uso, assim como a geometria euclidiana em relação à geometria riemanniana, ou a ontologia em relação à logologia. De fato, o falasser é um excesso em relação ao animal dotado de *logos*.[172]

"O *logos* que há nos sons da voz e nas palavras"

Os falasseres como tais são excluídos da humanidade pela demonstração aristotélica. Dentre os adversários do princípio da não-contradição, eles são os irrecuperáveis, os que nunca falarão como Aristóteles, que não "falarão", portanto, jamais. Eles não correspondem à sua definição do homem – *homoios phutôi*, são "plantas" que falam.

Sua característica é "falar por falar", *legein logou kharin*.[173] Proponho ouvir agora essa reduplicação como um deslocamento do sentido de *logos*: o *logos* próprio ao homem, esse que o gênio latino traduz por *ratio* e *oratio* e que sistematiza o *organon* aristotélico, e não diz respeito, para eles, senão ao "*logos* que está nos sons da voz e nas palavras".[174] Não se pode refutá-los, visto que não se prendem ao sentido das palavras, logo, à univocidade, mas apenas aos sons e às palavras elas

---

[172] Ver Quadro 1, "O homem/UOM", p. 120.

[173] ARISTÓTELES. *Metafísica*, IV: "Não é sobre o que eles pensam, mas sobre o que eles dizem que se os afronta", 1009 a 18-19; "falar por falar", 1009 a 21 e 1011 b 2s. "não fazer senão dizer esses dizeres", 1011 a 4.

[174] *Tou en têi phonêi logou kai en tois onomasin* (ARISTÓTELES. *Metafísica*, IV, 1009 a 21-22).

mesmas: para os "curar" (*iasis*) dessa atenção, seria preciso obrigá-los a não mais ouvir o significante, mas apenas o sentido, o sentido-um, o *logos* unívoco, aquele que procede não do *pharmakon*, mas exclusivamente do *organon*. Em suma, eles se entregam à autotelia do *logos*, e, por causa deles, a decisão do sentido aparece como uma norma extrínseca, ligada a uma concepção-valorização parcial da humanidade do homem. Há uma maneira de conceber o *logos*, há um *logos* que está — que somente está — no som da voz e nas palavras, e um tal *logos* não é normatizado pela exigência aristotélica de significação. Se esse *logos* não tem sentido no sentido aristotélico, é porque ele não tem um sentido único, nem o mesmo sentido para todos, ainda que o que aí se pronuncia e o que aí se ouve não cesse de se apresentar como *logos*: é o *logos* no qual se deixa propagar o impensável, e que deveria ser inefável, "ao mesmo tempo" que a contradição. "De fato, eles estimam (possível, normal, legítimo) dizer contrários uma vez que eles os dizem."[175] Os homens-planta são "natureza" afinal de contas, na medida em que podem dizer tudo o que dizem porque seu discurso se autoriza somente de si mesmo, ou como dizia mais simplesmente Górgias no *Tratado do não-ser*, porque "aquele que diz diz".[176]

Aristóteles não isola, de modo mais profundo, o *logos* que está nos sons da voz e nas palavras do sentido que ele tem. Ele não distingue como tal a dimensão do significante, mesmo se o arbitrário do signo como som e como letra é não apenas compatível com, mas também consubstancial à sua concepção do *logos*: a linguagem da qual o homem é dotado *phusei*, "por natureza", é um fato de "convenção", *nomôi* e não *phusei*

---

[175] ARISTÓTELES. *Metafísica*, IV, 6, 1011 a 16.

[176] *Kai legei ho legôn* (PSEUDO-ARISTÓTELES. *Sobre Melisso, Xenófanes e Górgias*, 980 b 4; cf. CASSIN, B. *Si Parménide*. Lille: PUF-MSH, 1980, p. 98 e seguintes [ed. bras.: CASSIN. *Se Parmênides*, p. 213]).

– não há aí contradição alguma, mas, antes, a prova de que a natureza do homem é a sua cultura. Existe, de fato, uma pluralidade de línguas e de alfabetos, e isso explica que não se compreenda uma língua estrangeira; mas esse arbitrário do som e da letra, que pode ser aproximado legitimamente do nosso arbitrário do signo, só faz exemplificar a univocidade a cada vez constitutiva da possibilidade do sentido, condição transcendental para que o signo não se contente em "ser um sinal"[177] (*sêmainei*) como na mântica do deus de Delfos, mas para que ele "signifique efetivamente *alguma coisa*" (*sêmainei ti*), que ele "fale" no sentido de "procede do *logos*" (*legei*). A diferença dos significantes, sintoma de arbitrário, é, com efeito, redimida pela identidade do significado (o "homem", como o *anthrôpos*, são homem, a essência da coisa dá o sentido da palavra) e a partilha dos referentes (o mundo é mundo para todos os homens). O *De Interpretatione* o explicita assim: o que há no escrito é o símbolo do que há na voz, que difere segundo as línguas, mas tanto as letras como os sons são os símbolos das "afecções da alma" (*pathêmata*, afetos, ideias, representações, estados mentais), que são, por sua vez, idênticas em todos, porque elas são, elas mesmas, os signos das "coisas" (*pragmata*), que, precisamente, são idênticas.[178] Tal é a pregnância do fundamento físico/antropológico/ético/ontológico que nos é familiar, de onde decorre, sem dificuldades, a comunicação.

A diferença das línguas e o arbitrário do signo cessam, portanto, de inquietar desde que se parta das coisas e não das palavras[179] – é a frase-chave do *Crátilo*, de Platão, à qual se

[177] No original, em francês: *faire signe*, literalmente, "fazer signo". (N.R.)

[178] Para uma análise da passagem-chave do *De Interpretatione*, de Aristóteles, que critico/comento aqui, remeto aos artigos "Signe" e "Signifiant" do *Vocabulaire européen des philosophies, dictionaire des intraduisibles* (Paris: Seuil; Le Robert, 2004).

[179] PLATÃO. *Crátilo*, 439 a.

conforma Aristóteles, extraindo dela as consequências, ou melhor, desdobrando as suas premissas, no que concerne à teoria da linguagem. Por outro lado, quando supomos que as palavras constituem o ponto de partida ou a área de estacionamento, então, trocamos de mundo. Distinguimos a dimensão do significante, e a logologia opera a inversão que leva da palavra à coisa e do significante ao significado: repitamo-lo, com Lacan, para colocar os pingos nos *i* sofísticos, "distinguir a dimensão do significante só ganha relevo ao se colocar que o que vocês ouvem, no sentido auditivo do termo, não tem nenhuma relação com o que isso significa", e "o significado é o efeito do significante".[180] A doença do *logos* sofístico-analítico tem como sintoma, no enquadramento aristotélico, o livre jogo dos significantes contra a univocidade da significação. Aristóteles nada pode contra ela, a não ser denegá-la e expulsá-la (uma peste, um *logos* de planta). Não apenas ela está ali em sua refutação, ao mesmo tempo como não devendo estar ali, ou devendo não estar ali, e como não podendo não estar ali para que a refutação funcione, mas, além disso, ela volta pela janela. É aqui, com efeito, que convém acrescentar ao *dossier* o fracasso das *Refutações sofísticas*.

Nesse texto que todos os analistas deveriam ler,[181] Aristóteles mostra como jamais se deixar levar pelos sofismas: é preciso, e basta, desenvolver as homonímias e as anfibolias (ou homonímias na sintaxe) distinguindo uns dos outros todos os sentidos de todas as palavras e de todas as construções de sintaxe, e recusando-se tomá-las ao mesmo tempo (o famoso *hama* do princípio da não-contradição). A solução para refutar alguém que se serve de um *logos* homonímico, quer se trate do equívoco

---

[180] LACAN. *Encore*, p. 31, 34. [Ed. bras.: LACAN. *Mais, ainda*, p. 42, 47.]

[181] Até aqui eu aconselho verdadeiramente dois textos: *Teogonia*, de Hesíodo, e *Refutações sofísticas*, de Aristóteles.

de uma palavra (*apprendre?*)[182] ou da anfibolia de uma construção ("desejar-me a captura inimiga"?), consiste, portanto, em "fazer, de saída, incidir a resposta sobre a ambiguidade da palavra e do enunciado".[183] É preciso, e basta, designar o ponto de homonímia, e fazer valer o outro sentido: fazer todos verem que sob uma única e mesma *lexis* (palavra, enunciado, sozinho ou tomado em um argumento) se alojam vários sentidos. O filósofo é, primeira e incansavelmente, crítico, semanticista e gramático.

Ou melhor, isso basta *quase* sempre, pois há um caso em que o remédio é impotente. É quando se trata somente do significante, do significante puro, aquele que se aloja nas escansões e nos acentos da voz – "composição, separação e prosódia", diz Aristóteles; pois é em sua identidade mesma que ele é múltiplo, ao trabalhar no ao mesmo tempo de sua simples enunciação. Nesse caso, não há homonímia a ser dissipada, não se pode apelar ao *pragma* contra o *onoma* nem discriminar significados sob o significante. Não se trata mais de distinguir entre os sentidos, mas entre sons. Pode-se apenas prestar atenção: *oros*, sem aspiração, "a montanha", e *horos*, com aspiração, "o limite", "ver alguém golpeado [silêncio] com os olhos" e "ver alguém [silêncio] golpeado com os olhos". E "replicar, uma vez concluído, pela escansão inversa" fazendo retorno simétrico ao remetente: "Se o argumento se deve à composição, a solução consiste na divisão, se ele procede da divisão, a solução está na composição; novamente, se o argumento depende de uma acentuação aguda, a solução é a acentuação grave, e se ele depende de uma acentuação grave, a solução está na aguda".[184]

---

[182]Em francês, o verbo *apprendre* significa, ao mesmo tempo, "aprender" e "ensinar" (N.T.)

[183]ARISTÓTELES. *Refutações sofísticas*, 177 a 20-21.

[184]ARISTÓTELES. *Refutações sofísticas*, cap. 20-23 (aqui, 23, 179 a 12-15).

Seguindo Lacan e seus jogos com a palavra "sentido" em *Mais, ainda*, eu designo os irredutíveis *outsiders* por uma pequena quantidade de sílabas a serem ouvidas antes de escrevê-lo: "o um-sentido" [*l'un-sens*] é um significante fabricado *ad hoc* para sussurrar os contrários. O termo joga com dois sentidos e, como tal, para Aristóteles, é uma palavra que não tem sentido algum. Evidentemente, esses dois sentidos são, cada um deles, indispensáveis ao nosso propósito. O primeiro sentido é: "um sentido e não dois". Em outras palavras, a exigência aristotélica (*semainein*, significar, é *semainein hen*, significar uma coisa só) é satisfeita. Mas, devido ao segundo sentido, ela é *colocada em abismo*[185] ou em ironia: o segundo sentido, com o *in* privativo do latim, quer dizer "zero sentido". Assim, o nomoteta lacaniano[186] joga com o fato de que ter sentido como um-sentido [*l'un-sens*], ter um só sentido, é não ter sentido.

Tempo, performance e homonimia estão entrelaçados "no que há nos sons da voz e nas palavras" para se opor à própria possibilidade da univocidade. É aí que se conjugam prazer de falar e furo soprador. O que faz ouvir UOM [*LOM*], no desencadeamento da cadeia dos significantes que operam em "Joyce, o sintoma": "É que somos zomens. UOM [*LOM*]: em francês, isso diz exatamente o que quer dizer. Basta escrevê-lo foneticamente, o que lhe dá uma faunética (com *fau...*) à sua altura: o elobsceno [*eaubscène*]. Escrevam isso com *elob...* para lembrar que o belo [...]", etc. "UOM, UOM de base, UOM kitemum corpo e só-só Teium [nan-na kum]".[187]

---

[185] Referência à expressão francesa *mise en abîme*, que indica estrutura em abismo, ou seja, estrutura de uma obra que contém uma outra em abismo, como um relato dentro de um relato e assim sucessivamente. (N.R.)

[186] Do grego *nomothetes*, "legislador, fazedor de leis". (N.R.)

[187] LACAN. Joyce, le symptôme, p. 565. [Ed. bras.: LACAN. Joyce, o sintoma, p. 560-561.]

Quadro 1 - O homem/UOM

Aristóteles	*Sofistas, Freud e Lacan*
Um sentido = um único sentido falar de + falar a sentido-significado-referência univocidade da significação Homem = animal dotado de *logos*	Um-sentido/in-sentido falar pelo prazer/falar em pura perda significante (o que há nos sons da voz e nas palavras) performance e homonímia Falasser = UOM = *logos* de planta
ONTOLOGIA	LOGOLOGIA
LOGOLOGIA	

Curiosas plantas, no entanto, visto que, como bichos, elas fazem barulho com suas bocas. *Homoios phutôi*, você é semelhante a uma planta se você fala sem significar. Por que essa comparação? – sempre se perguntam os especialistas de Aristóteles, coçando a cabeça. Lacan pode ajudar. Ele fala de "gozo da planta" quando define o campo lacaniano.[188] O famoso lírio dos campos, "podemos imaginá-lo muito bem como um corpo inteiramente entregue ao gozo", gozo da planta ou talvez "dor infinita", nada em todo caso permite escapar a isso, diferentemente do animal, que sempre pode se movimentar para obter menos gozo, obedecendo assim ao que se chama princípio do prazer. A planta permanece "ali onde se goza", e "Deus sabe aonde isso pode levar". Você é semelhante a uma planta se você fala sem significar, o que deve ser compreendido do seguinte modo: quando, ou se, para você, falar é gozar. Gozar é isso que falar não deve ser, em todo caso para Aristóteles. Tal é sua definição do perverso, que perverte a ordem do mundo:

---

[188] LACAN. *L'Envers de la psychanalyse*, p. 88. [Ed. bras.: LACAN. *O avesso da psicanálise*, p. 72.]

> Os perversos [...] são aqueles que Aristóteles não queria ver por nada nesse mundo. Há neles uma subversão da conduta apoiada num saber-fazer, que está ligado a um saber, o saber sobre a natureza das coisas, há uma embreagem direta da conduta sexual com o que é sua verdade, a saber, sua amoralidade.[189]

O homem não perverso se define por estar em seu lugar no cosmos, o meio dos vivos, *zôia*: nem planta nem Deus, e não um animal qualquer, um animal/um vivente (as duas traduções valem) dotado de *logos*, *zôion logon ekhon*. A hierarquia dos gêneros vale como lei, e é ela que o gozo da linguagem põe em causa. É o que leio em "A terceira":

> O que é surpreendente é isto: se há algo que nos dá uma ideia do "gozar-se" é o animal [...]. A questão se torna interessante a partir do momento em que a estendemos, e em que, em nome da vida, nos perguntamos se a planta goza. Essa questão tem um sentido, pois foi, de qualquer modo aí, que me deram o golpe do lírio dos campos.[190]

Não apenas nos aplicaram o golpe bíblico do lírio dos campos – "Eles não tecem nem fiam, foi acrescentado" –, com contragolpe da refutação científica – agora que os vemos ao microscópio, é manifesto que é tecido" [*c'est du filé*], e "talvez seja disso que eles gozem, de tecer e de fiar". Pois a questão flutuante é essa da relação de conjunto entre vida e gozo:

> Resta a definir a questão de saber se vida implica gozo. E se a resposta permanece duvidosa para o vegetal, isto só faz valorizar mais o fato de que ela não o seja para a fala. Como eu disse, *lalíngua*, em que o gozo constitui o sedimento, como eu o disse, não sem mortificá-la, não sem que ela se apresente como madeira morta, testemunha,

---

[189] LACAN. *Encore*, p. 80. [Ed. bras.: LACAN. *Mais, ainda*, p. 93.]

[190] LACAN. La Troisième, p. 22. [Ed. bras.: LACAN. A terceira, p. 23.]

de qualquer modo, que a vida, da qual uma linguagem constitui a rejeição, nos dá a ideia de que ela é algo da ordem do vegetal.[191]

Para Lacan perverso, perverso demais/sofista demais para que o *Sofista* de Platão o interesse, não há dúvida de que falar é gozar. Mas é difícil saber se para o vivente dotado de *logos*, esse gozo está ligado à vida ou ao *logos*. Se o animal, e mesmo a planta, gozam, é porque o *logos* que define o homem está enxertado na vida. A linguagem é uma "rejeição" da vida,[192] e o que dá testemunho disso é a relação entre a lalíngua e a linguagem. A língua do inconsciente, lala língua de cada freudo-lacaniano, cria um depósito de gozo no *logos*. Não é o *logos* que goza (nem *die Sprache* nem *die Sage*), mas cada animal dotado de *logos* redefinido como falasser.

Aristóteles não queria-gostaria, de forma alguma, ver os perversos, os sofistas, Lacan. Pois, com o gozo depositado em lalíngua, é direto o engate da conduta discursiva com o que é a sua verdade, a saber, sua amoralidade. Com a verdade segundo a qual o princípio do discurso é que não há relação sexual. Que o único gozo é o gozo discursivo propriamente dito, e não o da verdade, ou do desejo, ou do amor pela verdade. Quanto à verdade, resta saber se o que há "com" ela não é da ordem do gozo, mas da ordem do prazer, na medida em que ele é signo de felicidade e não de falta. "Os 'seres' falantes são felizes, felizes por natureza, é mesmo dela tudo o que lhes resta."[193] Vocês visam ao prazer do matema ou ao gozo de lalíngua? Tal é a questão.

---

[191] LACAN. La Troisième, p. 23. [Ed. bras.: LACAN. A terceira, p. 23-24.]

[192] Aristóteles fala de "rejeição" (*paraphues ti, Réthorique*, 1356 a 25), a propósito da retórica em relação à dialética.

[193] LACAN. Introduction à l'édition allemande des *Écrits*, p. 556. [Ed. bras.: LACAN. Introdução à edição alemã de um primeiro volume dos *Escritos*, p. 553.]

Se o homem grego se caracteriza por não ser nem um animal nem um deus, não é impossível que a mulher, lacaniana em todo caso, seja esse gênero de planta falante. É para anunciá-lo ou para esboçá-lo que se inventa o gozo da planta: "Ela conduz ao mais de-gozar porque mergulha suas raízes, ela, a mulher, como a flor, no próprio gozo".[194] Metáforas e tobogã habituais? Voltaremos a isso seguramente.

Ponderações do sentido e do não-sentido [*non-sens*]: Freud/Lacan

O único lugar onde podem se situar os sofistas Freud e Lacan é do lado planta. Isso é falso na medida em que eles são, em que todos nós somos, aristotélicos. Mas é correto por um certo número de posições ao mesmo tempo caricaturais e capitais que têm o imenso interesse de tornar diversamente atentos a isso de que se trata – por exemplo, como o texto sobre o chiste, de Freud, e seu comentário por Lacan privilegiam ora o sentido no não-sentido, ora o não-sentido no sentido, e como Lacan desaristoteliza ou sofistiza Freud no caso privilegiado do chiste.

Freud, como toda a tradição filosófica e como todos nós, foi tragado pela exigência aristotélica do sentido. Não há um só traço da teoria nem da prática analíticas que não possa ser testemunha disso. O projeto freudiano consiste, no final das contas, a estender de maneira virtualmente infinita o domínio do sentido de forma que possa entrar aí o que foi sempre, com mais ou menos força, considerado como insensato. Ele faz entrar na categoria do sentido "o segredo do sintoma": "domínio imenso anexado pelo gênio de Freud e que mereceria o título apropriado de 'semântica psicanalítica': sonhos, atos falhos, lapsos do discurso, desordens da

---

[194] LACAN. *L'Envers de la psychanalyse*, p. 89. [Ed. bras.: LACAN. *O avesso da psicanálise*, p. 74.]

rememoração, caprichos da associação mental, etc.",[195] em suma, tudo o que faz ou testemunha que o inconsciente é constituinte, estruturado como uma linguagem. O próprio inconsciente, cujas "desordens" são as formações mais ou menos diretas, não deve seu estatuto de "hipótese necessária e legítima" senão a um "ganho de sentido e de coerência".[196]

Entre todas as definições do chiste que Freud recolhe, esta, recorrente, de "sentido no não-sentido", é revestida, a seu ver, de uma importância particular[197]: aos nossos olhos, essa fórmula poderia definir todo o projeto freudiano como submetido ao aristotelismo. É precisamente em relação a esse ponto que Lacan vai além de Freud e que ele é, a meu ver, o mais consequente dos não-aristotélicos: ele é mais sofista que Freud.

Mas Freud já leva o aristotelismo a tal ponto que ele se torna sofista, ou, pelo menos, obriga a reconsiderar de cabo a rabo a delimitação dos territórios. O que gera a oscilação é a maneira como Freud se debate entre duas caracterizações do chiste, a de sentido no não-sentido e a de não-sentido no sentido.

Leremos essa oscilação inicialmente através dos emaranhados de Freud, que classifica os chistes segundo diferentes

---

[195] LACAN. Variantes de la cure-type, p. 333. [Ed. bras.: LACAN. Variantes do tratamento-padrão, p. 335.]

[196] FREUD, S. *Métapsychologie*. Traduction de Jean Laplanche et Jean-Baptiste Pontalis. Paris: Gallimard, 1968, p. 66 e seguintes. (Idées). [Ed. bras.: FREUD, S. *Introdução ao narcisismo, ensaios de metapsicologia e outros textos (1914-1916)*. São Paulo: Companhia das Letras, 2010, p. 101 e seguintes (Obras Completas, v. 12).]

[197] FREUD, S. *Le Mot d'esprit et ses rapports avec l'inconscient*. Traduction de Marie Bonaparte et Marcel Nathan. Paris: Gallimard, 1930, p. 16, p. 90 e seguintes, p. 215 e 227 nota 7. (Idées). [Ed. bras.: FREUD, S. *O chiste e sua relação com o inconsciente (1905)*. São Paulo: Companhia das Letras, 2017, p. 19, 83, 186, 196 nota 47. (Obras completas, v. 7). A expressão original de Freud é *"der Sinn im Unsinn"* (N.E.).]

taxonomias (segundo a "técnica": palavras/pensamento, segundo a "tendência": inofensiva/tendenciosa) e distingue uma parte analítica, uma parte sintética e uma parte teórica, de tal modo que os resultados são muito difíceis de ser articulados. Como é realmente emaranhado, prefiro dizer francamente o que penso. O problema é saber se se trata de não-sentido real sob sentido aparente (uma "fachada" de sentido), ou se se trata de um não-sentido aparente sob um sentido real. Onde está, então, a fachada, o semblante e o que há no fundo disso tudo? A análise perigosa, e que Freud se esforça em ultrapassar, é a que faz ler no chiste o não-sentido se fazendo passar pelo sentido: enquanto não- sentido (real) no sentido (aparente), o chiste, que Freud chama de sofisma, é repugnante. A análise "correta" para Freud, o aristotélico, é aquela que chega a ler o *sentido* (real) sob o não-sentido (aparente): a posição final de Freud é que a palavra final [*fin mot*] do chiste é seu sentido, valorizado como sério e como escola de liberdade; posição que eu qualificaria com prazer de humanista. É assim que compreendo a "caridade de Freud": "A análise veio nos anunciar que há saber que não se sabe, um saber que tem seu suporte no próprio significante enquanto tal [...]. É aí que Saussure espera por Freud. E é aí que se renova a questão do saber". "Caridade de Freud": "ter permitido à miséria dos seres falantes dizer que há – pois que há o inconsciente – algo que transcende e que não é outra coisa senão aquilo que ela habita, essa espécie, isto é, a linguagem?". Pois "não é isso, sim, caridade, anunciar-lhe a boa nova de que, naquilo que é sua vida quotidiana, ela tem, com a linguagem, um suporte de maior razão do que poderia parecer e que a sabedoria, objeto inatingível de uma vã perseguição, já está nela?".[198] O sentido no não-sentido domina e assegura, essencial e existencialmente.

[198]LACAN. *Encore*, p. 88. [Ed. bras.: LACAN. *Mais, ainda*, p. 103.]

Mas todo o interesse de Freud se deve, a meu ver, à sua ambivalência quanto a essas duas posições e à oscilação entre seu aristotelismo e sua sofística.

Leremos em seguida essa oscilação através da leitura de Lacan, que privilegia alternadamente cada uma das definições. Mas Lacan acaba privilegiando, o que Freud não faz, o não-sentido no sentido: com isso, sendo ele mesmo mais sofista, ele sofistiza Freud. O "sentido" que ele dá então ao não-sentido é uma maneira muito forte de escapar ao sentido aristotélico, para a qual convém inventar uma negação que não tem mais nada a ver com a confrontação sentido/não-sentido. Ela faz tremer – Aristóteles o prediz e nós utilizamos palavras enfáticas – a humanidade no homem.

A oscilação de Freud: não-sentido no sentido ou sentido no não-sentido?

A primeira ocorrência da palavra "sofisma" aparece a propósito de uma história de uma maionese de salmão; é o exemplo que irei seguir, pois Freud volta a ele várias vezes com valorizações e ponderações sentido/não-sentido diferentes, até mesmo opostas.

> Um pobre, chorando miséria, tomou emprestados 25 florins de um amigo rico. Nesse mesmo dia, seu benfeitor o encontra sentado num restaurante, diante de uma porção de maionese de salmão. O benfeitor o repreendeu: "Como? Você me toma dinheiro emprestado e vem comer maionese de salmão num restaurante? É assim que você usa o meu dinheiro?" – "Não estou entendendo, diz o outro; sem dinheiro seria *impossível* comer maionese de salmão; quando tenho dinheiro, não *devo* comer maionese de salmão; *quando, então, eu comeria maionese de salmão?*".[199]

---

[199] FREUD. *Le Mot d'esprit et ses rapports avec l'inconscient*, p. 79. [Ed. bras.: FREUD. *O chiste e sua relação com o inconsciente (1905)*, p. 74.]

"Sofisma" designa muito precisamente, na retomada do exemplo, um "deslocamento do curso do pensamento" que se deve ao "desvio do sentido da repreensão na resposta"[200]:

> O pobre se defende de ter gasto o dinheiro emprestado com uma guloseima e pergunta, aparentando ter razão, *quando* haveria finalmente de comer salmão. Mas essa não é a resposta certa à pergunta; seu benfeitor não lhe repreende por ter comido salmão precisamente no dia em que tomara dinheiro emprestado, mas lhe faz perceber que, na situação em que se encontra, ele não tem *nenhum* direito de pensar em guloseimas. O *bon-vivant* arruinado não leva em conta o único sentido possível da repreensão; ele responde com outra questão, como se tivesse entendido mal a repreensão.

Essa resposta, "certamente ilógica", diz ainda Freud, reveste "de maneira surpreendente o caráter da lógica": o sofisma é, portanto, o ilógico escondido sob o lógico, que reduz a lógica a ser somente um "revestimento", um "semblante", um "como se", uma "fachada", uma "exposição": o sentido serve de fachada ao não-sentido.

---

[200]A maionese de salmão "apresenta-nos [...] uma fachada que impressiona pela exibição de elaboração lógica; ora, a análise mostrou-nos que essa lógica esconde um sofisma, em particular um deslocamento do curso do pensamento" (FREUD. *Le Mot d'esprit et ses rapports avec l'inconscient*, p. 89. Volto em seguida às p. 79-80 [ed. bras.: FREUD. *O chiste e sua relação com o inconsciente (1905)*, p. 82.].

Quadro 2 – Ponderação do sentido e do não-sentido em *O chiste*

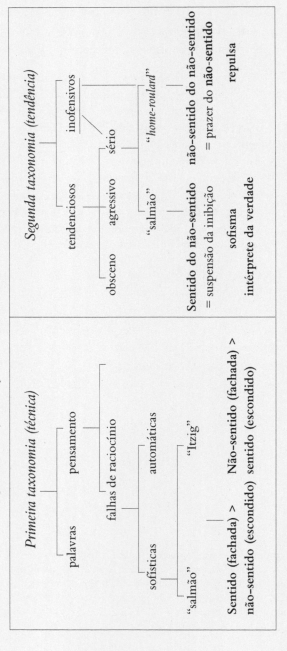

Com essa distorção entre bela ou saudável aparência e realidade decepcionante, Freud reencontra uma das caracterizações mais tradicionais da sofística desde Platão e Aristóteles, aquela que, para nos atermos ao primeiro capítulo de *Refutações sofísticas*, compara os raciocínios sofísticos com esses homens que parecem belos de tanto se maquiar ou com objetos de litargírio, estanho ou metal amarelo. A sofística cachorro-lobo joga com o *pseudos*, mistura de falso e de mentira ou de má-fé, para se fazer passar pelo que ela não é: lógica e sabedoria.

A continuação dessa taxonomia, que tem como critério a "técnica" utilizada no chiste, não deixa de ser perturbadora. Estamos sempre – no seio do "espírito do pensamento" por oposição ao "espírito das palavras" – nos "erros de raciocínio". Após a maionese de salmão, vêm duas outras séries de exemplos a serem reagrupadas sob uma única rubrica: a dos erros de raciocínio sofísticos.

Quadro 3 – As falhas de raciocínio sofísticas (detalhe)

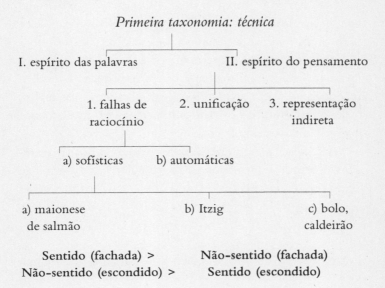

Deve-se, no entanto, observar que o termo "sofisma" é pronunciado somente para a primeira (nossa maionese de salmão) e a última série: a série intermediária apresenta, de fato, uma dificuldade. Eis como Freud a introduz: "Essa expressão [maionese de salmão], talvez, *por simples contraste*, nos oriente em direção a outros chistes que, *ao contrário*, mostram abertamente o contrassenso, a falta de sentido e a tolice".[201] O exemplo "mais claro e mais puro" disso é o do artilheiro Itzig, inteligente mas indisciplinado, a quem um superior benevolente aconselha a comprar um canhão para trabalhar por conta própria. Ora, "esse conselho, muito engraçado, é um evidente não-sentido", mas "esse chiste sem sentido não é desprovido de sentido": "ele se conforma com a tolice de Itzig, faz com que ele a constate". Com Itzig, dessa vez é o não-sentido que serve de "fachada" ao sentido. A ponderação do sentido e do não-sentido mudou juntamente com seus lugares. Freud reencontra, assim, muito naturalmente, a definição canônica do chiste como "sentido no não-sentido", mas ela se deixa ler, agora, de maneira ambígua, ao mesmo tempo como inversão e como espécie do sofisma. Assim, nessa primeira taxonomia, Freud retoma todos os elementos mais tradicionais da desvalorização da sofística, com uma pequena distorção, importante, visto que ela coincide com o aparecimento do sofisma entre os chistes: aquela segundo a qual poderia se tratar, ao menos na segunda série de exemplos, do elemento sentido no não-sentido, em vez do elemento não-sentido no sentido.

A análise da segunda taxonomia vai permitir prosseguir de modo não menos hesitante nesse novo caminho. Freud propõe uma taxonomia que tem como critério, dessa vez, a "tendência" ou intenção atribuível ao próprio autor. O espirituoso pode ser inofensivo ou tendencioso. Ora, a

[201] FREUD. *Le Mot d'esprit et ses rapports avec l'inconscient*, p. 89 (grifos meus), 90. [Ed. bras.: FREUD. *O chiste e sua relação com o inconsciente (1905)*, p. 82-83.]

análise do dito espirituoso tendencioso permite atrair sem resto o não-sentido sob a jurisdição do sentido, atribuindo um sentido – e que sentido – ao não-sentido, pois o sofisma se torna, para Freud, o intérprete da verdade.

Se lemos atentamente, Freud já dava essa pista quando propunha na primeira taxonomia a "versão reduzida" da maionese de salmão a fim de provar que essa categoria de chistes se liga não às palavras, mas ao pensamento, e ao deslocamento repreensão-resposta. Com efeito, quando a réplica do *gourmet* "é direta", não há de que rir. "A versão reduzida seria então a seguinte: 'Não posso deixar de comer o que gosto, e pouco me importa de onde vem o dinheiro. Eis por que estou comendo maionese de salmão hoje, depois que você me emprestou dinheiro!'". Mas, acrescenta Freud, "se assim fosse não teríamos mais um chiste, e sim um cinismo".[202] Quando ele retoma a análise da maionese de salmão sob a perspectiva da segunda taxonomia, Freud descobre, ao lado das duas tendências óbvias que são a intenção obscena (o espirituoso que desnuda) e a intenção agressiva ou hostil, uma tendência mais difícil de ser circunscrita e que ele qualifica provisoriamente de "intenção séria".[203] A fachada lógica que, na primeira taxonomia, escondia apenas uma "falha" desvalorizada como sendo ilógica ganha agora uma outra função, a de dissimular que se diz aqui "algo proibido",[204] ou, mais terminologicamente, a de "desviar a atenção" por se tratar aqui da "suspensão da inibição"[205]:

---

[202]FREUD. *Le Mot d'esprit et ses rapports avec l'inconscient*, p. 82 e seguintes. [Ed. bras.: FREUD. *O chiste e sua relação com o inconsciente (1905)*, p. 72 e seguintes.]

[203]FREUD. *Le Mot d'esprit et ses rapports avec l'inconscient*, p. 175. [Ed. bras.: FREUD. *O chiste e sua relação com o inconsciente (1905)*, p. 156.]

[204]FREUD. *Le Mot d'esprit et ses rapports avec l'inconscient*, p. 172. [Ed. bras.: FREUD. *O chiste e sua relação com o inconsciente (1905)*, p. 152.]

[205]FREUD. *Le Mot d'esprit et ses rapports avec l'inconscient*, p. 250. [Ed. bras.: FREUD. *O chiste e sua relação com o inconsciente (1905)*, p. 214.]

Não tenhamos medo de nos enganar ao supor que todas essas histórias de aparência lógica querem *verdadeiramente dizer o que elas querem dizer com argumentos voluntariamente errôneos*. É precisamente esse emprego do sofisma como *intérprete da verdade* que lhe confere o caráter do espírito, caráter que depende, assim, antes de tudo, da tendência.[206]

A verdade, que era até esse momento o outro do sofisma, encontra-se agora revelada por ele. Freud suspende não apenas o recalque aristotélico, mas também o recalque enquanto tal para deixar falar o desejo. O sentido não está mais ali onde parecia, na fachada lógica, mas ele se encontra no lugar do não-sentido. Um chiste sofístico não pode mais ser analisado como não-sentido no ou sob o sentido, nem apenas como sentido no não-sentido: é o não-sentido feito sentido.

Freud prossegue, então, a "interpretação" da maionese de salmão para tentar dar um "nome especial" ao terceiro gênero de dito espirituoso tendencioso.

Quando a fachada de uma história se apresenta com todas as aparências da lógica, o pensamento que ela recobre gostaria bem de dizer, seriamente: "esse homem tem razão", mas, contudo, ele não se arrisca, na presença da contradição que encontra, a lhe dar razão, exceto em um ponto, onde seu erro é facilmente demonstrável. A piada escolhida é um verdadeiro compromisso entre seu "erro" e seu "acerto", o que não é certamente uma solução, mas corresponde perfeitamente ao nosso próprio conflito interior.[207]

---

[206]FREUD. *Le Mot d'esprit et ses rapports avec l'inconscient*, p. 175, grifos meus. [Ed. bras.: FREUD. *O chiste e sua relação com o inconsciente (1905)*, p. 155.]

[207] FREUD. *Le Mot d'esprit et ses rapports avec l'inconscient*, p. 178. [Ed. bras.: FREUD. *O chiste e sua relação com o inconsciente (1905)*, p. 156-157.]

A fachada lógica se torna agora o índice ou o sintoma de nossa aprovação; a piada – que provoca nosso riso – é uma formação de compromisso, e a contradição lógica/ilógica não faz senão manifestar, ou travestir, a contradição moralidade/imoralidade, na qual estamos todos mergulhados. Enfim, se ficamos "chocados", é porque o homem do salmão proclama a verdade do desejo a propósito de um gozo "inferior" ou "supérfluo". Quanto ao nome especial, não poderíamos deixar de observar que Freud recorre sucessivamente a todas as escolas marginais ou heterodoxas da Antiguidade: após a sofística, o epicurismo, em seguida, o cinismo e até mesmo, mais adiante, o ceticismo. Pois a maionese de salmão seria, prossegue ele, uma história "simplesmente epicuriana": ela equivale a dizer: "esse homem tem razão, não há nada acima do gozo, pouco importa a maneira de obtê-lo".[208] A apologia do *Carpe diem*, sussurrada "em voz baixa" pelos chistes, é altamente reafirmada em nossos dias, e pelo próprio Freud, aqui, muito longamente, diante de uma moral que "exige sempre sem indenizar": se Deus está morto, essa moral não é mais que "o decreto egoísta de alguns sujeitos ricos e poderosos que podem, sempre sem demora, satisfazer todos os seus desejos". Todo homem de boa-fé e, portanto, Freud, "acabará, *in petto*, ao menos por admiti-lo".[209] E Freud acrescenta abruptamente, retomando sua primeira análise: "Nós estamos, finalmente, em condições de dar a esses chistes o nome que lhes convém: são chistes *cínicos*, o que eles recobrem é o *cinismo*". Daí a abundância, no *corpus* sofístico, das histórias de casamentos e casamenteiros que dizem a verdade sobre o conflito entre civilização e liberdade sexual, e a pregnância das histórias judaicas, nas quais se exprimem "a

---

[208] FREUD. *Le Mot d'esprit et ses rapports avec l'inconscient*, p. 178. [Ed. bras.: FREUD. *O chiste e sua relação com o inconsciente (1905)*, p. 157.]

[209] FREUD. *Le Mot d'esprit et ses rapports avec l'inconscient*, p. 180. [Ed. bras.: FREUD. *O chiste e sua relação com o inconsciente (1905)*, p. 158.]

autocrítica do povo judeu" e os "mil aspectos de sua miséria sem esperanças". Assinalemos, finalmente, o apelo ao "ceticismo" enquanto "busca do critério da verdade", a propósito da história única, mas tão marcante, dos dois judeus no trem ("Veja o mentiroso que você é! Você diz que vai a Cracóvia para que eu acredite que você vai a Lemberg. Mas eu sei que você vai de fato a Cracóvia. Por que, então, mentir?"[210]). Pois, da sofística ao ceticismo, não apenas, de modo negativo, a tendência séria converge com a tendência do chiste sem tendência: "abalar o respeito que se deve às instituições e às verdades",[211] fazendo-se crítico da razão crítica. Mas, para além disso e de maneira positiva, ela defende, através da suspensão da inibição, por deslocamento e contradição, no lugar da "verdade filosófica", essa verdade mais verdadeira que é a expressão do inconsciente, alcançando assim, sob o nome das escolas antigas, os próprios *topoi* da sofística: natureza e lei, desejo, prazer, gozo, medida subjetiva.

O sofisma intérprete da verdade verdadeira, que triunfo! Mas ao triunfar sobre a filosofia, Freud não tem, não mais que Lacan, o coração feliz. Vejamos isso.

Observaremos inicialmente que o sofisma se encontra também do outro lado da taxonomia por tendência, do lado inofensivo e não mais tendencioso. Eu gostaria de me deter nesse ponto porque me parece que é aí que a hesitação de Freud se torna um incômodo tão tangível que ela engendra visivelmente incoerência e algo como vergonha, uma impossibilidade de pensar até o fim. É aí que Lacan falta também, com as suas histórias de significante e gozo.

Na parte sintética, Freud agrupa todas as suas indicações taxonômicas e se interroga sobre "o mecanismo do prazer"

---

[210] FREUD. *Le Mot d'esprit et ses rapports avec l'inconscient*, p. 189. [Ed. bras.: FREUD. *O chiste e sua relação com o inconsciente (1905)*, p. 165.]

[211] FREUD. *Le Mot d'esprit et ses rapports avec l'inconscient*, p. 219. [Ed. bras.: FREUD. *O chiste e sua relação com o inconsciente (1905)*, p. 190.]

produzido pelo chiste, de tal forma que me servirei disso para explicitar as notações da taxonomia "tendência inofensiva" às quais me dedico agora. Em que os chistes sofísticos são inofensivos e qual é o prazer que eles engendram? Quando é inofensivo, "o chiste se basta a si mesmo sem quaisquer segundas intenções",[212] "ele é, em si mesmo, o seu próprio fim"[213]: procuramos apenas, com esse funcionamento "autônomo", análogo à representação estética, despertar o prazer no ouvinte e a dar prazer a nós mesmos.[214] Freud observa, de passagem, que "os jogos de palavras inofensivos e superficiais apresentam o problema do chiste sob sua forma mais pura porque eles [...] nos fazem escapar do erro de julgamento ligado ao valor do sentido".[215] Ele reitera essa observação na parte sintética, observando em nota de rodapé que "os chistes 'ruins'" – como "*home-roulard*", o bolo recheado feito em casa,[216] em que a homofonia não corresponde a nenhuma ligação "fundada no sentido" – "não são ruins de forma alguma como chiste [*bons mots*], ou seja, não são inaptos a engendrar prazer". No inofensivo puro, no chiste ruim, não há sentido, mas ainda há prazer, e se pode até mesmo falar em "prazer do não-sentido".[217]

---

[212] FREUD. *Le Mot d'esprit et ses rapports avec l'inconscient*, p. 145. [Ed. bras.: FREUD. *O chiste e sua relação com o inconsciente (1905)*, p. 129.]

[213] FREUD. *Le Mot d'esprit et ses rapports avec l'inconscient*, p. 156. [Ed. bras.: FREUD. *O chiste e sua relação com o inconsciente (1905)*, p. 137.]

[214] FREUD. *Le Mot d'esprit et ses rapports avec l'inconscient*, p. 154. [Ed. bras.: FREUD. *O chiste e sua relação com o inconsciente (1905)*, p. 136.]

[215] FREUD. *Le Mot d'esprit et ses rapports avec l'inconscient*, p. 152. [Ed. bras.: FREUD. *O chiste e sua relação com o inconsciente (1905)*, p. 135.]

[216] FREUD. *Le Mot d'esprit et ses rapports avec l'inconscient*, p. 152, 198, ver também p. 202. [Ed. bras.: FREUD. *O chiste e sua relação com o inconsciente (1905)*, p. 136, 172.]

[217] FREUD. *Le Mot d'esprit et ses rapports avec l'inconscient*, p. 206. [Ed. bras.: FREUD. *O chiste e sua relação com o inconsciente (1905)*, p. 179.]

Freud tenta, então, dar conta desse tipo de prazer ajustando-o ao seu princípio geral do prazer como "poupança". Isso gera, a meu ver, um dos textos mais loucos de *O chiste*. Não há sequer uma passagem desse texto que não deixe incrédulo, como se não se tratasse senão de uma vasta denegação. Já sabemos que deixar o som prevalecer sobre o sentido "é economizar um esforço psíquico", como uma criança, até mesmo como um doente.[218] Coisa mais surpreendente: o espírito do pensamento e, portanto, os erros de raciocínio têm a ver com o mesmo mecanismo:

> É mais fácil e cômodo abandonar o caminho já trilhado pelo pensamento do que aí permanecer, [é mais fácil e cômodo] reunir desordenadamente elementos heteróclitos do que opô-los uns aos outros; é particularmente fácil admitir fórmulas silogísticas recusadas pela lógica, e por fim, juntar as palavras e as ideias sem se preocupar com seu sentido, eis o que é indubitável.[219]

O peremptório será tão sintomático quanto as hesitações precedentes, pois séculos de resistência aos sofismas, a dificuldade de abandonar os "caminhos trilhados" – já traçados pela deusa para Parmênides: o ser é, o não-ser não é –, enfim, a atitude do próprio Freud não levam a crer que seja fácil abandonar o sentido. É verdade que então não se trata mais da "vida séria", mas, uma vez mais, da criança, do toxicômano – a tagarelice da cerveja –, do colegial neurótico e de certas categorias de psicopatas. E Freud se surpreende que "ao fazer isso, a elaboração do chiste seja uma fonte de prazer, visto que, fora do chiste, toda manifestação análoga de menor esforço

[218] FREUD. *Le Mot d'ésprit et ses rapports avec l'inconscient*, p. 197. [Ed. bras.: FREUD. *O chiste e sua relação com o inconsciente (1905)*, p. 171.]

[219] FREUD. *Le Mot d'ésprit et ses rapports avec l'inconscient*, p. 206, assim como a citação seguinte. [Ed. bras.: FREUD. *O chiste e sua relação com o inconsciente (1905)*, p. 178-179.]

intelectual desperta em nós sentimentos desagradáveis de repulsa". A criança, o selvagem, o toxicômano, o neurótico, o psicopata: eis, dessa vez, toda a série de equivalências freudianas em consonância com a sofística.

Estamos aí em plena ambivalência. Pois essa desvalorização do prazer do não-sentido se encontra muito simplesmente justaposta à valorização que o funcionamento autônomo já sugeria: trata-se, "com plena consciência de sua absurdidade e unicamente pelo atrativo do fruto proibido pela razão", de empregar o não-sentido, como a criança emprega o jogo, de "sacudir o jugo da razão crítica", de se rebelar contra as imposições tirânicas que nos são "impostas pela aprendizagem [...] da realidade, do verdadeiro e do falso".

A análise dos "exemplos extremos" que Freud propõe numa nota, bem ao final dessa primeira parte sintética, esclarece ainda melhor esse prazer que o adulto aristotélico experimenta ao voltar à infância.[220] Prazer ao qual eu não saberia resistir. "Um convidado, a quem se servia peixe, mergulha duas vezes as mãos na maionese e as passa nos cabelos. O espanto de seu vizinho de mesa parece lhe fazer reconhecer o insólito de seu gesto, e ele se desculpa dizendo: 'Perdão, eu pensei que fossem espinafres!'" Freud, que não sabe como nomear esse tipo de palavras – "[elas] parecem ter direito à denominação 'tolices de aparência espirituosa'" –, explica-nos que elas produzem efeitos porque mantêm "o ouvinte na expectativa de um chiste, de tal maneira que ele se esforça para descobrir o sentido escondido pelo não-sentido, sem, no entanto, encontrá-lo, visto que é *um não-sentido puro e simples*" (sou eu que sublinho). A análise do prazer provocado pelo não-sentido é

---

[220]FREUD. *Le Mot d'esprit et ses rapports avec l'inconscient*, nota 1, p. 228. Ver também a "Parte teórica", p. 360 e seguintes. [Ed. bras.: FREUD. *O chiste e sua relação com o inconsciente (1905)*, p. 218-219.]

sem equívoco, é o prazer um tanto cruel do "você-mesmo"[221] no pátio de recreio: "são armadilhas que dão certo prazer ao narrador, desviando e irritando o ouvinte. Este último tempera seu despeito pela perspectiva de se tornar, ele mesmo, por sua vez, o narrador". Tal é, exatamente, a atitude que Aristóteles atribui à vítima de um sofisma a tal ponto ligado ao significante, acentuação e cortes, que se torna impossível refutá-lo: a absurdidade que não é susceptível de nenhuma clarificação, nem dentro nem fora da expressão, é preciso devolvê-la ao remetente simplesmente repetindo-a, para que a vítima se torne, assim, algoz.

Há, assim, uma tendência do chiste não tendencioso que consiste em se servir das armas da razão – o princípio de economia, a pregnância das formas lógicas, o reflexo do sentido – contra a própria razão, em uma violência sempre segunda, sempre crítica, para restabelecer "liberdades primitivas" e "aliviar o jugo da educação intelectual".[222]

Mas, como a sofística, essa é uma manifestação ao mesmo tempo salutar e repugnante, cujo caráter marginal é preciso manter. Em suma, quando o prazer do não-sentido permite se desprender do peso da lógica, ele é mais ou menos valorizado, mas quando há somente não-sentido sob o não-sentido, então o horror deve tomar conta de nós.[223] Todos os elementos de

---

[221]Em francês: *"toi-même"*. As crianças dizem com frequência umas às outras *toi-même!*, que é, na realidade, um "você também é isso que está me falando". Ou seja, *"toi-même* é o que você diz de mim". E nunca é uma coisa boa ou agradável. Equivalente a "você que é". (N.T.)

[222]FREUD. *Le Mot d'esprit et ses rapports avec l'inconscient*, p. 210. [Ed. bras.: FREUD. *O chiste e sua relação com o inconsciente (1905)*, p. 182.]

[223] O "umbigo do sonho" é também um ponto de interrupção do sentido e da interpretação, mas ele nada tem de horrível, pois não há vontade pueril ou má, de não-sentido pelo não-sentido; é simplesmente um ponto de origem ou ponto de amarração ao mesmo tempo contingente e estrutural ao inconsciente; observo que ele é afetado, contudo, por um mesmo "circulando, não há nada a se ver": "Os sonhos mais bem interpretados

uma reinterpretação positiva da sofística estão, assim, presentes em Freud: tendo como pano de fundo a atenção dada ao dizer, pertinência do que ele não chama de jogo do significante, e pertinência dos erros de lógica. Mas somos forçados a constatar que está excluído, *de facto*, que essa análise tão nova do prazer de falar se efetue, mesmo que a verdade mudasse de sentido, fora do registro aristotélico do sentido.

Reencontramos imutável o papel de aguilhão lógico que o filósofo atribui ao sofista, em Badiou, por exemplo, o mesmo, aliás, sem surpresa, que aquele que Catherine Malabou atribui à mulher filósofa: "A mulher não inventa talvez questões filosóficas, mas ela cria problemas. Em todo lugar, sempre que pode, ela cria dificuldades para os filósofos e os filosofemas".[224] Lacan o diz assim: "Esse é o começo da crítica do sofista. A qualquer um que enuncie o que é sempre postulado como verdade, o sofista demonstra que ele não sabe o que diz. Essa é a origem de toda dialética".[225] Mas quando se tem verdadeiramente prazer com o não-sentido (e sem dúvida será preciso empregar aí constantemente o termo "gozo" no lugar de "prazer", ligado ao termo "ab-senso" no lugar de não-sentido), então isso é aterrorizante. Em termos lacanianos, é aterrorizante porque se toca o real: "O real se afirma, por um efeito que não é o menor, que é o de se afirmar nos impasses da lógica [...]. Pomos o dedo, em um domínio em aparência o mais seguro [a aritmética], no que se opõe à

---

conservam um ponto obscuro; observa-se aí um emaranhado de pensamentos que não podem ser desatados, mas que nada acrescentaria ao conteúdo do sonho. É o 'umbigo do sonho', o ponto onde ele se liga ao Desconhecido" (FREUD. S. *L'Interprétation des rêves*. Traduction de I. Meyerson revue par D. Berger. Paris: PUF, 1967, p. 446).

[224] MALABOU, C. *Changer de différence. Les femmes et la philosophie*. Paris: Galilée, 2009, p. 128.

[225] LACAN. *...ou pire* [12 jan. 1972], p. 41. Ver *infra*, p. 169 e seguintes. [Ed bras.: LACAN. *...ou pior*, p. 39.]

captura completa do discurso no esgotamento lógica, o que introduz nela uma hiância irredutível. É aí que designamos o real".[226] Daí minha questão, que perdura desde o prólogo: haveria duas maneiras bem distintas de tocar o real, o gozo do discurso e o matema?

Abstenham-se de compreender!
A hesitação de Lacan: um outro sentido ou
o fundamental não-sentido de todo uso do sentido?

Tal é, portanto, a oscilação, em Freud, entre o aristotelismo galopante e a psicanálise nascente. Ao que Lacan dá um novo tratamento com uma palavra de ordem: *Abstenham-se de compreender!* É nisso mesmo que consiste a operação lacaniana de devolver Freud a Freud.

Em "Situação da psicanálise em 1956", Lacan enaltece a frase de Freud, "o sonho é um rébus" e a comenta assim: "Acaso as frases de um rébus algum dia tiveram o menor sentido, e porventura seu interesse, aquele que sentimos por sua decifração, não decorre de que a significação manifesta em suas imagens é caduca, só tendo importância ao fazer com que se entenda o significante que nelas se disfarça?".[227] O todo é precedido de uma reflexão sobre a "finitude ordinal" da bateria mântica, onde nada vale a não ser a combinatória, "onde o gigante da linguagem", diz Lacan, "retoma sua estatura, ao ser de repente liberado dos laços gulliverianos da significação".

Lacan toma, assim, na contramão, o lado Aristóteles de Freud, e isso termina com esta bela apóstrofe:

> "Abstenham-se de compreender!" e deixem essa categoria nauseante para os senhores Jaspers e consortes. Que um de seus ouvidos ensurdeça, enquanto o outro deve ser

---

[226] LACAN. *...ou pire* [12 jan. 1972], p. 41. [Ed bras.: LACAN. *...ou pior,* p. 39.]

[227] LACAN. Situation de la psychanalyse en 1956, p. 470. [Ed. bras.: LACAN. Situação da psicanálise em 1956, p. 473.]

aguçado. E é esse que vocês devem espichar na escuta dos sons ou fonemas, das palavras, locuções e frases, sem omitir as pausas, escansões, cortes, períodos e paralelismos, pois é aí que se prepara a literalidade da versão sem a qual a intuição analítica fica sem apoio e sem objeto.[228]

Abstenham-se de compreender!

Contudo, no seminário sobre a relação de objeto, que data de 1956-1957, Lacan hesita, ele também, entre privilegiar o sentido ou privilegiar o não-sentido. Eu gostaria de justapor esses dois textos, um precedendo o outro, um, no qual Lacan escolhe o sentido, o jogo sobre o sentido e a criação de sentido, e o outro, no qual ele faz aparecer a força do não-sentido, sua força e sua intimidade com o significante. Primeiro texto:

O homem, porque é homem, é posto em presença de problemas que são, como tais, problemas de significantes. O significante, com efeito, é introduzido no real por sua própria existência de significante, porque existem palavras que se dizem, porque existem frases que se articulam e se encadeiam, ligadas por um meio, uma cópula da ordem do *por que* ou do *porque*. É assim que *a existência do significante introduz no mundo do homem um sentido novo*. Para dizê-lo nos termos com que eu me exprimia outrora, ao final de uma pequena introdução ao primeiro número da revista *La Psychanalyse*: É atravessando diametralmente o curso das coisas que o símbolo se liga, para dar-lhe *um outro sentido*. *Portanto, estes são problemas de criação de sentido*, com tudo o que comportam de livre e de ambíguo, estando sempre aberta a possibilidade de reduzir tudo ao nada arbitrariamente. A irrupção do chiste sempre tem um aspecto totalmente arbitrário, e Hans é como o Humpty-Dumpty de *Alice no país das maravilhas*. Ele é

---

[228]LACAN. Situation de la psychanalyse en 1956, p. 471. [Ed. bras.: LA-CAN. Situação da psicanálise em 1956, p. 474.]

SENTIDO E NÃO-SENTIDO OU O ANTIARISTOTELISMO DE LACAN

capaz de dizer a todo instante: *As coisas são assim porque eu o decreto, porque eu sou o mestre.*[229]

Bizarro. Vocês veem o deslocamento. "O *logos* que há nos sons da voz e nas palavras", aquele do *legein logou kharin* de Aristóteles, em outras palavras, para nós, "a existência do significante", longe de marcar o bastião da resistência sofística ao sentido, serve, ao contrário, para *introduzir no mundo do homem um sentido novo. Mutatis mutandis*, o significante é, no entanto, mais do que nunca ligado à homonímia – está aí a sua diferença em relação ao significado: como enfatiza Lacan a propósito do pequeno Hans, "nenhum dos elementos significantes da fobia tem sentido unívoco, nem é o equivalente de um significado único".[230] Essa característica do significante está ligada à sua função de sintoma (não mais uma planta que fala, mas um fóbico): "O significante sintomático é constituído de maneira tal que é de sua natureza recobrir, no decorrer do desenvolvimento e da evolução, múltiplos significados, e os mais diversos. Não apenas é de sua natureza fazê-lo, mas esta é a sua função".[231] O cavalo é assim, "um signo próprio para tudo, exatamente como o é um significante típico".[232]

Ora, essa mesma homonímia do significante permite, no final das contas, uma mestria suplementar: a da livre criação. O homem se encontra simplesmente com ainda mais potência nomotética: "As coisas são assim porque eu o decreto e porque

---

[229]LACAN, J. *La relation d'objet* [10 avril 1957]. Paris: Seuil, 1994, p. 293, os itálicos são de Lacan, mas eu sublinho (em negrito). [Ed. bras.: LACAN, J. *A relação de objeto*. Rio de Janeiro: Zahar, 1995, p. 299-300.]

[230]LACAN. *La relation d'objet*, p. 286. [Ed. bras.: LACAN. *A relação de objeto*, p. 292.]

[231]LACAN. *La relation d'objet*, p. 288. [Ed. bras.: LACAN. *A relação de objeto*, p. 294.]

[232] LACAN. *La relation d'objet*, p. 289. [Ed. bras.: LACAN. *A relação de objeto*, p. 295.]

sou o mestre". Em suma, o significante, ao jogar com o sentido, faz, magistralmente, o jogo do sentido.

Agora, a segunda citação, que segue a primeira, e que eu entregloso:

> O *Witz* de Freud aponta diretamente, sem se desviar nem se perder em considerações secundárias, para o essencial da natureza do fenômeno. Do mesmo modo que, desde o primeiro capítulo da *Traumdeutung*, ele põe em primeiro plano que *o sonho é um enigma*, e ninguém percebe isso – esta frase, até aqui, passou completamente despercebida – [lembremo-nos do "Abstenham-se de compreender!"], também não se parece haver percebido que a análise do dito espirituoso começa pelo quadro da análise de um fenômeno de condensação, o termo *familionário*, fabricação fundada no significante, por superposição de *familiar* e de *milionário*. Tudo o que Freud desenvolve em seguida [eu teria dito: nem tudo o que Freud desenvolve em seguida] consiste em mostrar **o efeito de aniquilamento, o caráter realmente destruidor, disruptor do jogo do significante com relação àquilo a que se pode chamar a existência do real. Jogando com o significante, o homem põe em causa a todo instante seu mundo, até a sua raiz.** [Que diagnóstico! E digno de Aristóteles!]. O valor do dito espirituoso, e que o distingue do cômico, é a sua possibilidade de jogar com **o** não-sentido **fundamental de todo uso do sentido.** É possível, a todo instante, **pôr em causa todo sentido,** na medida em que este é fundado num uso do significante. Com efeito, esse uso é em si mesmo profundamente paradoxal, com relação a toda significação possível, já que **é este mesmo uso que cria aquilo que ele está destinado a sustentar.**[233]

Lacan, há pouco, não entendia nem Freud nem o significante exatamente desse jeito. Não se trata mais da "criação de

---

[233]LACAN. *La relation d'objet*, p. 294, grifos meus (em negrito). [Ed. bras.: LACAN. *A relação de objeto*, p. 301.]

um sentido novo" – ser mais aristotélico que Aristóteles –, mas do "não-sentido fundamental de todo uso do sentido": eis aí, justamente, o que assustava Freud no chiste, o que engendrava todas as suas hesitações, o que lhe causava aversão ao mesmo tempo que o excitava, o que era preciso recuperar por todos os meios e fazer entrar no colo tutelar do sentido. Quanto ao fundamento, Freud e Lacan estão, evidentemente, de acordo: deter-se no não-sentido fundamental de todo uso do sentido basta para abalar o mundo aristotélico, aquele do animal dotado de *logos*, até a raiz, a saber, o princípio de não-contradição como decisão do sentido. Porém, eles não têm a mesma reação: para Freud, o valor do não-sentido é o seu sentido; para Lacan, o valor do não-sentido ainda é o não- sentido. Do *Witz* como novo *Tratado do não-ser*, "destruindo, rompendo o que se pode chamar a existência do real". E pelas mesmas razões que em Górgias. É preciso e é suficiente mostrar que o sentido, ou a esfera do ser, a ontologia, etc., repousa sobre um *husteron proteron* que podemos chamar "paradoxal": somente o uso do significante cria a significação, ou ainda, o ser é efeito do dizer. "É esse uso mesmo que cria aquilo que ele está destinado a sustentar", e é por isso que tudo pode desmoronar: vocês não encontrarão melhor ilustração da necessidade e da impossibilidade da demonstração-refutação. Em suma: "Isso se torna muito *engraçado*, com tudo o que essa palavra [*drôle*, 'engraçado', 'estranho'] pode comportar de ressonâncias estranhas".[234]

Incursões sofísticas na técnica analítica

*Das três homonímias constituintes e
da homonímia da homonímia*

As condições de possibilidade do *insentido* [*insens*] em geral são: que haja uma norma da linguagem *e* que essa norma possa ser

---

[234]LACAN. *La relation d'objet*, p. 295. [Ed. bras.: LACAN. *A relação de objeto*, p. 302.]

(e até mesmo: não possa não ser) transgredida. Depois de *Gama*, a norma da linguagem é a significação, cuja fórmula sequencial eu lembro uma última vez: falar (*legein*) é dizer algo (*legein tí*), ou seja, significar algo (*sêmainein tí*), ou seja, uma única coisa para si mesmo e para outrem (*sêmainein hen autôi kai allôi*). Ora, ao ler Aristóteles com olhos (na falta de ouvidos) sofístico-analíticos, contata-se que a transgressão dessa norma está inscrita na própria linguagem, e em três níveis bem distintos: o da própria constituição da linguagem ou metafísica, o da invenção supletiva ou poesia, e o do significante ou sofístico analítico. O terceiro nível muda radicalmente a definição da homonímia e faz passar de uma homonímia antiga ou clássica, a de Aristóteles, quando uma mesma palavra designa coisas cuja definição difere, para uma homonímia moderna, na realidade, uma homofonia, quando uma mesma sequência sonora designa várias coisas.[235] A homonímia da homonímia é essa passagem de uma homonímia de significação para uma homofonia do significante.

Primeiro nível, diagnosticado por Aristóteles no primeiro capítulo de *Refutações sofísticas* como mal radical da linguagem:

> As palavras são finitas assim como a quantidade dos enunciados, ao passo que as coisas são infinitas em número. É, portanto, necessário que o mesmo enunciado ou que uma única palavra tenha vários sentidos.[236]

Há mais coisas na terra e no céu do que pode um homem sonhar, há mais *pragmata* que palavras existentes no sistema,

---

[235] Dizendo isso, penso descrever de maneira menos aristotélica que Lacan os três níveis do equívoco tal como são desdobrados em "O aturdito", e reconhecer minha decepção de então (BADIOU, A.; CASSIN, B. *Il n'y a pas de rapport sexuel. Deux leçons sur "L'Étourdit" de Lacan*. Paris: Fayard, 2010, p. 30-44 [ed. bras.: BADIOU, A.; CASSIN, B. *Não há relação sexual: duas lições sobre "O aturdito" de Lacan*. Rio de Janeiro: Jorge Zahar, 2012]). O essencial permanece, evidentemente: é a homofonia que marca uma nova orientação, que Lacan coloca em ato e escreve.

[236] ARISTÓTELES. *Refutações sofísticas*, 1, 165 a 12 s.

mesmo que ele esteja em expansão, de nossa linguagem e, sem dúvida, também, mais estados do mundo do que frases. A utilidade da linguagem é, de início, muito simplesmente: substituir a relação dêitica pela relação simbólica. É mais fácil falar de uma tropa de elefantes do que levá-la à mesa. Quando se é aristotélico, se a homonímia for inevitável é então porque as coisas não cessam naturalmente de afluir e que as convenções verbais não acompanham. Consequentemente, embora inevitável, ela é sempre, de direito, tão redutível, e o mal é, sem dúvida, mais infinito-indefinido do que radical: quando se percebe que duas coisas que não têm a mesma definição trazem o mesmo nome, basta inventar uma nova palavra. Aristóteles desdobra, portanto, uma incansável atividade nomotética: cada analogia, cada classificação, quer se trate de ontologia, de zoologia ou de ética, faz aparecer distinções ou lugares ainda anônimos. O trabalho de Aristóteles, trabalho do filósofo, em toda a sua obra (que se pense em *Delta*,[237] primeiro dicionário de homônimos) assim como no ponto quente de *Refutações sofísticas*, consiste em distribuir um significante para cada significado.

Ora, no segundo nível, a homonímia está ligada ao remédio que é a invenção linguageira. Pois, como o poeta e, muito simplesmente, como todo ser falante não cessam de prová-lo, o que permite fabricar, da melhor maneira, essas palavras que não cessam de faltar, a saber, a percepção das semelhanças, tem a ver com a homonímia. E, à frente de tudo, a metáfora, cuja função é ver as semelhanças e exprimi-las. A *Poética* e a *Retórica* transgridem consequentemente a *Metafísica* e o *organon*. A metáfora é definida como a "aplicação de um nome impróprio",[238] mas essa impropriedade mesma que faz chamar alguma coisa por um nome que convém a outra coisa "produz uma ciência e um conhecimento": "Como em

---

[237]Referência ao livro *Delta*, da *Metafísica* de Aristóteles. (N.R.)
[238]ARISTÓTELES. *Poética*, 21, 1457 b 7-8.

filosofia, ver o semelhante no que é muito distante pertence àquele que visa corretamente".[239] Admitindo que possamos nos abster de dizer, qualquer que seja o preço a ser pago, que a noite é a velhice do dia, como falar do pé de uma mesa ou do pé de uma montanha senão dizendo "pé", que, propriamente, não convém senão ao corpo animal?

Semelhança e homonímia. Eu gostaria de me deter um instante nesse ponto, pois avalia-se mal (e acredito que Lacan faça parte deste "se") a que ponto a concepção antiga da homonímia e da metáfora vai contra tudo o que pensamos hoje: se há semelhança, não seria porque há motivação, imagem, fluxo semântico, tudo menos homonimia? Torna-se sensível aqui a diferença que define uma época. Para compreender isso, reportemo-nos à definição canônica da homonimia tal como é lançada – e somente esse lugar merece reverência – nas primeiras linhas das *Categorias*. Eis o texto:

> Fala-se de homônimos no caso do que tem em comum apenas palavra, ao passo que a definição da essência que corresponde à palavra é diferente: por exemplo, são "animal" ao mesmo tempo o homem e o desenho que dele se fez; pois somente uma palavra lhes é comum, mas a definição da essência que corresponde à palavra é diferente; de fato, se se explicita o que é para cada um deles a animalidade, se dará uma definição distinta para um e para outro.[240]

O exemplo é flagrante: uma imagem e seu modelo são homônimos. A semelhança (aquela que informa *stricto sensu* a sistemática platônica, *eidos* – *eidôlon*, modelo – imagem e semblante que, evidentemente, Aristóteles visa!) é homonímia. Alhures, trata-se de um homem e de uma estátua; ou, muito frequentemente, de um órgão vivo e de um órgão morto (mão,

[239]ARISTÓTELES. *Retórica*, III, 1410 b 15-16 e 1411 b 22-24.
[240]ARISTÓTELES. *Categorias*, 1, 1 a 1-6.

olho). Mesmo aqueles que a *Ética a Nicômaco* chama "homô-nimos de acaso" ou "homônimos por acidente" (*ta apo tukhês homônuma*) se assemelham; Aristóteles dá como exemplo *kleis*, a "chave" e a "clavícula", "aquela que está sob o pescoço dos animais e isso com o que se fecham as portas", assim como os não menos famosos cão latindo e Cão celeste, ou a águia e o frontão que estende suas asas acima das colunas, mas o que, a não ser a semelhança, pôde presidir a nomeação? De tal modo que os usos metafóricos de um termo – e, não nos esqueçamos, "bem fazer metáforas é ver o semelhante"[241] – são, efetivamente, casos de homonímia. O que é inadmissível para os linguistas modernos é, muito precisamente, que haja semelhança na homonímia.[242] Para não colocar mais em risco o resto de semelhança definicional que se poderia encontrar entre as chaves que trancam portas e ombros, ou nossas íris (que se leia o final de *Lettera amorosa*, de René Char), contra a correção das metáforas que operam para chamar de "branca" uma voz e uma noite, toma-se doravante como exemplo algo como "vidro" [*verre*] e "pele de esquilo" [*vair*], pois qual criança nunca se enganou quanto à matéria do sapatinho de cristal?

É assim que somos conduzidos ao terceiro nível. Com o som, o significante desligado do sentido, ao menos até Freud, não se corria nenhum risco. Mas, uma vez que o significante tem a ver com o sentido (sentido no não-sentido ou não-sentido no sentido, pouco importa) ou, para lacanizar, uma vez que seu efeito é o significado, então, evidentemente, não há mais acaso ou fortuna, há somente, ainda e sempre, sentido a ser

---

[241] ARISTÓTELES. *Política*, 22, 1059 a 7 s.

[242] Ver, por exemplo, Hintikka, para quem é natural que "*homonymy equals accidental homonymy*" (HINTIKKA, J. Aristotle and the Ambiguity of Ambiguity. *Inquiry*, v. 2, n. 1-4, Fall 1959, p. 137-151, aqui p. 139 [retomado em *Time and Necessity*. Oxford: Oxford Clarendon Press, 1976, p. 1-26]), e o artigo "Homonymie" no *Vocabulaire européen des philosophies*.

encontrado, *logos* que existe nos sons da voz e as palavras, a ser interpretado.

A homonímia é uma terceira vez necessária e inevitável: porque, do lado do significante, ela é a maneira privilegiada como se exprime o inconsciente como *falasser*, encobrindo sentidos multiplicados, *sinthoma, non-dupes errent, l'insu que sait de l'une bévue s'aile à mourre.*[243] Tendo como *modus operandi*: os cortes do tempo e a passagem à escrita.

O kairos, *escansão e tempo no discurso*

"É preciso confiar no faro. Um erro de procedimento não poderá mais ser consertado. O ditado popular que afirma que o leão só salta um vez está certo",[244] diz Freud a propósito do "momento oportuno" para a "medida de extorsão", a chantagem, em suma, que constitui a fixação de um fim da análise pelo próprio analista. O faro, *nós*, caracteriza tanto o cachorro de Ulisses, o primeiro a reconhecer (*noein*) seu mestre e que cai morto sobre um monte de imundícies, quanto o deus de Aristóteles e sua *noêsis noêseôs*, intuição de intuição. O instantâneo do momento oportuno, tal é o tempo da análise tanto para o fim da manobra quanto para o corte da sessão e a escansão da interpretação.

Os gregos têm uma palavra para dizer esse tempo não espacializável que, assim como a *epideixis*, é uma característica da sofística: o *kairos*. Ele é representado sob os traços de um

---

[243] Trata-se aqui de três importantes homonímias propostas por Lacan em seus seminários, todas de difícil tradução. *Sinthoma*, com "th", grafa o resto sintomático próprio ao final de uma análise; *non-dupes errent* ("os não-tolos erram", homófono de "os nomes-do-pai"); para a última frase, uma anfibolia que cruza o francês *une bévue* e o alemão [*das*] *Unbewusste* ("o inconsciente") torna sua tradução ainda mais complexa. Algumas soluções possíveis: "O in-sucesso do inconsciente sela o amor"; "o mal sabido de um tropeço é o amor", etc. (N.E.)

[244] FREUD. L'analyse finie et l'analyse infinie, p. 20. [Ed. bras.: FREUD. A análise finita e a infinita, p. 319.]

belo jovem, com asas nos calcanhares e um grande topete na parte da frente da cabeça e calvo na parte de trás, uma oportunidade a ser agarrada. *Kairos*, uma das palavras gregas mais intraduzíveis, é, certamente, tendo como fundo o *corpus* hipocrático, por um lado, e a poesia pindárica, por outro, uma característica particular da temporalidade sofístico-analítica.[245] O *kairos* é perigoso. Como o instante zen do arqueiro, é o momento de abertura dos possíveis: o da "crise" para o médico, isto é, da decisão entre a cura ou a morte, o da flecha lançada pelo arqueiro pindárico ou trágico, entre acertar ou falhar. O *kairos*, diferentemente do *skopos* (o "alvo" no centro da mira), nomeia, para Onians, o ponto em que "uma arma poderia penetrar de maneira fatal": trata-se aí da flecha como destinal, atingindo o coração. É o nome do alvo enquanto inteiramente dependente do instante, o nome do lugar na medida em que ele é temporalizado sem resto; podemos compreender como o latino *tempus* não quer dizer somente "tempo", mas "têmpora" também: a consideração do *kairos* faz compreender que a "têmpora", o "tempo" e o "templo" são uma mesma família de palavras, a partir do grego *temnô*, "cortar". Com *kairos*, trata-se ao mesmo tempo de corte e de abertura: muito precisamente da "falha da couraça", como na *Ilíada*, da "sutura óssea", da "oportunidade" enquanto "porto" e "porta".

A hipótese esplêndida de Onians é que *kairós*, com acento sobre o *omicron* ("o ponto exato que toca o alvo", diz

[245] Nos reportaremos à obra de Bernard Gallet, *Recherches sur* kairos *et l'ambiguïté dans la poésie de Pindare* (Pessac: Presses Universitaires de Bordeaux, 1990); ao trabalho de Monique Trédé, *Kairos: l'à-propos et l'occasion. Le mot et la notion d'Homère à la fin du IVe siècle avant J.-C.* (Klincksieck, 1992); e, antes de tudo, ao livro de Richard Broxton Onians, *Les Origines de la pensée européenne: sur le corps, l'esprit, l'âme, le monde, le temps et le destin* [1951] (traduction de Barbara Cassin, Armelle Debru et Michel Narcy. Paris: Seuil, 1999, p. 405-412) – essa é a terceira obra cuja leitura recomendo a todos os psicanalistas!

Chantraine[246]), e *kaíros*, com acento sobre o *iota* ("a 'corda' que fixa a extremidade da cadeia ao tear", diz Chanteraine, que não é hostil à aproximação), "são, na origem, um só". Para Onians, o *kaíros* é o nome do espaçamento, do vazio, da abertura criada pelos liços do tear. Gallet mostra que não se trata dessa mesma abertura, mas, mais precisamente, da "trança reguladora" que, como nosso pente, "separa os fios mantendo-os paralelos para que não se embaracem", religando-os também com o mesmo gesto, e que regula assim ao mesmo tempo a ordem vertical e a ordem horizontal de inserção da trama, delimitando a zona de trabalho; a trança é às vezes acoplada a um dispositivo instalado na parte superior do tear "que mantém o vértice de toda obra".[247] É assim que o termo é utilizado, por silepse, em Píndaro, tanto no sentido próprio como no sentido figurado, para designar o "procedimento de entrelaçamento dos temas". Na articulação do *kairos* – e "articulação" deve ser ouvida em todos os sentidos da palavra: *kairon ei phthegxaio*, "se o articulamos", "se o enunciamos", o *kairos*, diz Píndaro[248] –, as palavras são ao mesmo tempo lançadas e tecidas. O *kairos* é autotélico, ele contém em si o seu próprio fim; é o momento em que a *poiêsis* e a *tekhnê*, o fazer e o saber-fazer [*savoir-faire*],

---

[246] CHANTRAINE, P. *Dictionnaire étymologique de la langue grecque: histoire des mots*. Paris: Klincksieck, 1968-1980, reeditado, em um volume, em 2009.

[247] Gallet extrai e em seguida verifica as quatro funções técnicas que produzem uma descendência semântica: como "fio condutor", o *kairos* é uma "conexão", uma "influência", um "controle"; como "fio regulador" da largura do tear que determina a zona de tecelagem, é uma "régua", uma "boa ordem", uma "justa medida", uma "brevidade" e uma "vantagem"; como "fio entrelaçado", que encontra em ângulos retos cada um dos fios da urdidura, é uma "conjunção", uma "conjuntura", uma "ocasião", um "momento propício"; como "fio separador" entre a toalha de fios pares e aquela de fios ímpares, é uma "escolha", uma "separação", um "julgamento", uma "decisão" (GALLET. *Recherches sur* kairos *et l'ambiguïté dans la poésie de Pindare*, p. 65 e seguintes).

[248] PÍNDARO. *Píticas*, I, 81 = Str. 5, 157.

do qual a obra é um produto externo, estão no ápice de sua inventividade e dizem respeito à *práxis*, ao ato que é em si mesmo seu próprio fim, algo como a interiorização divina da finalidade. Mas talvez isso ainda não seja suficientemente radical, e é preciso chegar ao ponto de dizer que o *kairos* é o *poros*, a "passagem" que permite que nos poupemos do *telos* e a ideia de finalidade (daí a monotonia dos fins atribuídos para quem se deixa levar pelo *kairós*, para os sofistas e para os analistas em geral – o dinheiro?). Enfatizar-se-á, a partir de então, o laço entre *kairos* e singularidade: com o *kairos* nos precipitamos em um caso, não há mesmo senão casos.

Tenho a impressão de tocar, assim, no que eu gostaria de saudar com o nome de ética da psicanálise, ao menos tanto quanto, ou senão mais, que o *vade mecum*: "não ceder quanto ao seu desejo". De toda maneira, o laço com a prática psicanalítica e sua temporalidade própria não deixa dúvidas. Um dos lugares de aparecimento lacaniano do tempo "sofístico" mais bem conhecido e perfilado é, muito cedo, "O tempo lógico": Lacan fala aí do "valor sofístico" da solução no dispositivo muito *ad hoc* que ele descreve, não porque haveria nele erro de raciocínio, mas, realmente, porque o tempo faz parte da lógica: não há solução para o problema sem as duas "escansões suspensivas".[249] O papel dessas duas escansões "não é o da experiência na verificação de uma hipótese, mas, antes, o de um fato intrínseco à ambiguidade lógica". O traço importante é a ambiguidade, ela está ligada ao lapso de tempo que efetua a integral dos equívocos e impõe uma interpretação e uma ação. A "função da pressa" ou apreensão do *kairos* (já é quase tarde demais) é o que assinala o ato.

A interpretação, como o ato, é da ordem do *kairos*, mas, dessa vez, conectado à ambiguidade linguageira, ligada ao

---

[249]LACAN, J. Le temps logique. In: *Écrits*, p. 201, 202. [Ed. bras.: LACAN. O tempo lógico. In: *Escritos*, p. 200, 202.]

diz-curso [*dis-cours*], ao lapso "entre" os sons que produzem significante, algo como uma ambiguidade subtrativa cujo *den* será o paradigma (o que Celan podia ainda tolerar do alemão, ouvido através de uma *Sprachgitter*, essa grade do confessional que estrutura com vigas de silêncio a cadeia significante e que permite hesitar e subtrair para tornar vivível). "Um acaso feliz de onde jorra um clarão; e é aí que pode se produzir a interpretação"; por causa da atenção flutuante, nós ouvimos tudo de través, "devido a uma espécie de equívoco, ou seja, uma equivalência material" e permitimos àquele que acaba de falar perceber de onde emerge "sua própria semiótica", sua lalíngua.[250] Interpretação lançada e tecida, mergulhada no furo soprador. A percepção e a exploração da homonímia pela independência do significante, marca do discurso de análise, tornam-se possíveis pelo espaçamento entre a cadeia e a trama, que tece os significantes, portanto, os silêncios, hiatos ou hiâncias de todos os tipos, que as escandem, as de- e as re-escandem, afastam as fibras do tempo. Até "kaironizar" o próprio ser, como verbo e como sujeito: come se sabe, "a ontologia é o que valorizou o uso da cópula, isolando-a como significante".[251]

Em suma, a logologia é uma cronologia: é o tempo que é o princípio eficaz do discurso. É por isso que sustento que a "retórica" filosoficamente pensada é a invenção da ontologia para domesticar – para espacializar – o tempo no discurso. Desde o *Górgias*, de Platão, o tempo se encontra reduzido ao espaço: um discurso é um organismo que se espalha (ele tem um "mapa") e se articula (é preciso, diz Platão, saber "recortá-lo"). A retórica, em Aristóteles, está apoiada em toda a física (o tempo como imagem do movimento) e em todo o *organon* que organiza os *logoi* segundo o *hama*, "ao mesmo tempo",

---

[250]Parafraseio e cito Jacques Lacan: *Les non-dupes errent* (11 juin 1974). Inédito.

[251]LACAN. *Encore*, p. 33. [Ed. bras.: LACAN. *Mais, ainda*, p. 37.]

do princípio de não-contradição, com todos os *sun* (sin-taxe, si-logismo) requeridos para lhe dar visibilidade. Trata-se sempre de fazer passar da consideração da enunciação àquela dos enunciados, da cadeia significante e da apreensão do *kairos*, extremidade do tempo, ao *topos* e aos *topoi*, lugares do bem falar. Se existe uma particularidade sofístico-analítica da prática da linguagem, ela implica, portanto, algo como uma retórica do tempo, diferentemente da retórica filosófica do espaço. Uma frase de Górgias como uma frase de Lacan pode nos tornar sensíveis às suas características diferenciais, que eu resumirei da seguinte maneira:

– o presente, e particularmente o presente da enunciação, por ela produzido, está incluído na cadeia e não poderia ser dela excluído: não há nem presença remanescente do presente nem lugar para uma metalinguagem. Daí as contradições, as inversões, em suma: a paradoxologia. É o modelo do tempo lógico, de suas escansões e reviravoltas conclusivas;

– o sentido é criado à medida que a enunciação se dá. É a isso que nos torna sensíveis para sempre o *Tratado do não-ser*, de Górgias, e sua exploração do caráter escorregadio de toda proposição de identidade: "o não-ente é [...]" [ele existe, portanto] "[...] não-ente" [eis que ele não existe]. É esse deslizamento que a espacialização da sin-taxe [*syn-taxe*] bloqueia, na qual sujeito e predicado são produzidos como lugares não negociáveis;

– a atenção é atenção do ouvido, que se dirige ao *logos* que há nos sons da voz e nas palavras; donde, por um lado, o privilégio da voz (*bombos, phônê*); por outro lado, o da homonímia, trazida pelos significantes e pelos silêncios; o que, juntamente com a rapidez do instante, produz o chiste e faz ressoar o sintoma e a interpretação;

– a improvisação, muito bem nomeada eloquência *ex tempore*, é a manifestação, por excelência, da retórica do tempo. Os *skhedioi logoi*, "os discursos improvisados", são as "jangadas", essas "aproximações ligadas" nas quais o homem embarca ao longo dos tempos, como Ulisses, para deixar Calipso e reencontrar Ítaca. "É Górgias", prossegue Filóstrato, "que esteve na origem da improvisação: colocando-se no teatro, em Atenas, ele teve a audácia de dizer: 'Proponham!', e ele foi o primeiro a enunciar um tal risco, demonstrando com isso que, por um lado, ele sabia tudo e, por outro, que ele falaria sobre tudo, deixando-se levar pela oportunidade [*ephieis tôi kairôi*]." Liberem a associação, tornou-se palavra de ordem: uma "sessão" (por que não ter traduzido ainda *epideixis* assim...), digam o que lhes vier à mente, "vamos lá, digam qualquer coisa, vai ser maravilhoso!".[252] Pois, quer vocês o saibam ou não, e sobretudo se vocês não souberem nada, vocês sabem tudo.

Por que Lacan se interessa tanto pela metonímia e pela metáfora, ou como elas se tornam lugares do tempo

Um dos frutos mais bem-acabados da retórica filosófica é a teoria dos lugares (*topoi*) e das figuras (*tropoi*, maneiras de falar), ou retórica restrita. Nada mais explicitamente espacial que esses repertórios técnicos encavilhados nas artes da memória, que dizem onde procurar e quais traçados mobilizar. Ora, aqui também, a sofística se caracteriza por escapar à espacialização. "Gorgianizar": a palavra inventada por Filóstrato[253] diz muito sobre isso através de seu poder fônico e de sua formação gongórica e odioamorosa. Górgias, com suas figuras sonoras, confere métrica e música à prosa; é, aliás, por isso que Aristóteles o acusa de ter "um estilo poético" (*poietikê* [...] *lexis*) e de não ter ainda compreendido que "o estilo do *logos* é diferente daquele

---

[252]LACAN. *L'Envers de la psychanalyse*, p. 59. [Ed. bras.: LACAN. *O avesso da psicanálise*, p. 50.]

[253]Ver *supra*, p. 69. Encontramos, por exemplo, em *Vidas dos sofistas*: "Agatão [...] gorganiza frequentemente em iambos" (493); e: quando Próclo de Náucrates se lançava em um exórdio, "era com um Hípias ou com um Górgias que ele se parecia" (*hippiazonti te* [...] *kai gorgiazonti*, 604); "gorgianizar" é também, se damos fé a Platão, o que fazem as cidades de Tessália (501).

da poesia".[254] A *Suda* afirma que ele dá à retórica sua "frástica" e lhe atribui o uso de aproximadamente todas as figuras (tropos, metáforas, alegorias, hipálages, catacreses, hipérbatos), mas as figuras propriamente gorgianescas são aquelas, primeiramente sonoras e audíveis, sobre as quais termina a enumeração: "e duplicações (*anadiplôsesi*) e retomadas (*epanalêpsesi*) e retornos (*apostrophais*) e correspondências (*parisôsesin*)"; são, em todo caso, aquelas que Diodoro retém quando descreve a surpresa dos atenienses "filólogos", amantes dos discursos, ao escutar, pela primeira vez, Górgias e suas figuras "extraordinárias": "e antíteses (*antithetois*) e balanceamentos (*isokolois*) e correspondências (*parisôsin*) e homeoteleutos (*homoiteleutois*)".[255] O *Elogio de Helena* não se ouve bem senão em grego: iteração de aliterações – *ho smikrotatôi sômati kai aphanestatôi theiotata erga apoletei*, sucessão de sons para descrever a natureza do *logos* e testemunhar a sua dinastia.

Aos tropos gorgianescos se opõem nossos ordinários tropos espaciais. A metáfora e a metonímia são duas maneiras bem conhecidas de fazer geometria panóptica, estabelecendo uma analogia de proporção ("a noite é a velhice do dia"), ou contando a parte pelo todo (a vela pelo barco): trata-se sempre de "ver o semelhante" para descrever integralmente a cena do mundo e estender o seu gráfico regrado. É ao menos o que eu pensava antes de compreender o que Lacan faz da metáfora, e por que ele toma a metonímia por primeira.

Retomemos na ordem. O lacanismo é ainda mais intraduzível que o gorgianismo, e por razões de fundo, ou seja, de época, de consciência do inconsciente, que dão toda a sua

---

[254] ARISTÓTELES. *Retórica*, III, 1404 a 24-29; ver 1406 b 9, 1408 b 20. Aristóteles precisa que "a forma do estilo (*to skhêma tês lexeôs*) não deve ser nem métrica (*emmetron*) arrítmica" (b 21 e seguintes).

[255] *Suda* = 82 A2 DK (II, p. 272); DIODORO. *História*, XII, 53 = 82 A4 DK (p. 273).

carga de real ao significante e ao sintoma. Voltaremos a isso com esse *summum* do lacanismo, teórico e prático que é "O aturdito". É preciso, entretanto, fazer bem a diferença entre, por um lado, o estilo de Lacan, sua "retórica", a maneira como ele lacaniza, e, por outro lado, a maneira como ele se interessa pela retórica. Ora, e é um gesto verdadeiramente notável, Lacan se apropria da metáfora e da metonímia, ou antes, da metonímia e da metáfora, a partir do significante, e não mais a partir do significado, de tal modo que ele os faz passar de uma retórica do espaço e do significado a uma retórica do tempo e do significante: eu diria que ele os devolve à logologia.

A metonímia é constante e vigorosamente primeira em Lacan leitor da *Traumdeutung*: ela não é mais como em nossos manuais uma figura espacial que permite simplesmente designar algo por sua parte decisiva ou notável, de segunda ordem diante da inventividade da metáfora; ela é muito mais, no centro da descoberta freudiana, como que o vetor do fluxo que permite passar de um significante a outro. A metonímia se torna, para dizê-lo em termos ultrafilosóficos, a condição transcendental do novo sujeito barrado de inconsciente. Ela garante a possibilidade do *logion*-chave: "um significante é o que representa um sujeito para um outro significante", de tal modo que, de forma muito mais simples, "o sujeito não é nada além [...] daquilo que desliza numa cadeia de significantes".[256] Ora, esse processo que liga um significante a um outro significante numa cadeia é, ou se confunde com, o curso do tempo no diz-curso [*dis-cours*]. Compreende-se que a "coordenação significante", que é a metonímia, seja prévia e necessária para que possam advir as "transferências de significado", que são as metáforas: "Não haveria metáfora se não houvesse metonímia".[257] Quanto

---

[256]LACAN. *Encore*, p. 48. [Ed. bras.: LACAN. *Mais, ainda*, p. 55-56.]

[257]LACAN, J. *Les formations de l'inconscient* [1957-1958]. Paris: Seuil, 1998, p. 75. Remeto essa relação metonímia/metáfora à notável análise de Elisabete Thamer, "L'antériorité de la métonymie par rapport à la

à metáfora, não há senão isso, é assim que se fala. É assim que *ela* fala e isso se vê, *ela* lado mulher, cujo discurso descorticado em *Mais, ainda* não cessa de atestar que o gozo não convém à relação sexual. Ela faria melhor em se calar, mas isso tornaria a ausência de relação sexual ainda mais pesada. Portanto, ela não se cala, e o primeiro efeito do recalque é que ela fala de outra coisa: "É nisto que está a mola da metáfora".[258] Aristóteles e Freud, não mais um atravessando o outro, mas, caídos no furo soprador, eis o que nos espera.

---

métaphore", nas p. 67-70 de sua tese, com a qual esse final de capítulo não cessa de dialogar. [Ed. bras.: LACAN, J. *As formações do inconsciente*. Rio de Janeiro: Zahar, 1999, p. 80.]

[258] LACAN. *Encore*, p. 57. [Ed. bras.: LACAN. *Mais, ainda*, p. 66.] Ver *infra*, p. 206 e seguintes.

QUINTA PARTE

O *gozo* da linguagem ou o ab-aristotelismo de Lacan

O significante é a matéria que se transcende em linguagem. Deixo a vocês a escolha de atribuir esta frase a um Bouvard comunista ou a um Pécuchet que as maravilhas do DNA excitam.

JACQUES LACAN. Respostas a estudantes de filosofia

No que diz respeito ao campo do gozo – é uma pena! que nunca chamaremos de [...] o campo lacaniano, mas eu o desejei – há observações a serem feitas.

JACQUES LACAN. *O avesso da psicanálise*

O ab-senso e o *den*[259]

O sentido e suas três negações

"Sou suficientemente mestre de lalíngua, da que é chamada francesa, para ter eu mesmo chegado a isso, o que é

---

[259]Lacan emprega *ab-sens*, palavra perfeitamente homófona a *absence* ("ausência"). O prefixo *ab-* remete a "afastamento", "privação" ou "negação", conforme lembra, aliás, o editor da versão brasileira de *Outros escritos*. Cf. LACAN. O aturdito, n. 2, p. 451. (N.T.)

fascinante, por atestar o gozo próprio do sintoma. Gozo opaco, por excluir o sentido. Há muito se suspeitava disso. Ser pós-joyciano é sabê-lo."[260]

Essa frase exclui efetivamente o sentido – por muito pouco. Se não houvesse protestação de mestria, duvidaríamos disso e seguiríamos a tendência do sentido tomando o direito de transformar a performance em erro de digitação. Mas não há, quando se lacaniza, nem metaleitura nem metalinguagem, apenas a aprendizagem de a/uma lalíngua em imersão, é isso que torna a coisa tão cativante.

Alain Badiou, particularmente em seu comentário de "O aturdito", pretende reinscrever Lacan na filosofia enquanto antifilósofo. O ponto de reinscrição é "a crítica do sentido em benefício de um saber do real".[261] A crítica do sentido ("Sim, nós desejamos a ausência [*ab-sence*] do sentido") é, com efeito, comum ao filósofo e ao psicanalista antifilósofo. A diferença é que a filosofia critica o sentido em nome da verdade ("a verdade, com efeito, da qual toda filosofia é, como todos sabem, o amor, não pode se contentar com a variabilidade do sentido"[262]), mas não Lacan, que passa do sentido ao real e não do sentido à verdade (ele permanece um "anti" "por não ver nem querer que a 'verdade' seja isso através de que todo saber acredita que ele toca em algum real"[263]). Segundo Lacan, diferentemente da filosofia tal como ele a concebe, não há "verdade do real", accessível como sabedoria e consoladora.

---

[260]LACAN. Joyce, le symptôme, p. 570. [Ed. bras.: LACAN. Joyce, o sintoma, p. 566.]

[261]BADIOU; CASSIN. *Il n'y a pas de rapport sexuel*, p. 107. Eu gostaria de estender aqui essa discussão. [Ed. bras.: BADIOU; CASSIN. *Não há relação sexual*, p. 64.]

[262]BADIOU; CASSIN. *Il n'y a pas de rapport sexuel*, p. 107. [Ed. bras.: BADIOU; CASSIN. *Não há relação sexual*, p. 64.]

[263]BADIOU; CASSIN. *Il n'y a pas de rapport sexuel*, p. 107. [Ed. bras.: BADIOU; CASSIN. *Não há relação sexual*, p. 65.]

Para seguir Jacques, o Sofista, é preciso, a meu ver, ligar diretamente crítica do sentido e real (o que é, ou melhor, como dizer o que é, o real?) com discurso e gozo. É o que eu gostaria de fazer retomando a ideia de ab-senso [*ab-sens*] tal como ela aparece em "O aturdito".

O que há de certo, e estou nisso de pleno acordo com Alain Badiou, é que o real, quer saibamos ou não o que ele é, define-se a partir da ausência de sentido. Ora, acrescenta ele: "a ausência enquanto subtração do sentido ou da decisão clássica do sentido [...] não pode ser colocada do lado do sentido ou da decisão do sentido de tipo aristotélico. Mas ela não pode ser colocada tampouco numa inversão negativa do lado do não-sentido".[264] Estou novamente de acordo quanto a distinguir radicalmente "ab-senso" [*ab-sens*] e não-sentido [*non-sens*]. Mas é o passo seguinte, diz Badiou, que é capital: "É capital ver bem que as expressões negativas "(não há", [*il n'y a pas*], "há ab-senso" [*il y a ab-sens*]) vêm equivaler a uma fórmula "não-negativa", que é: sentido ab-sexo".[265] Estou de acordo também aqui, mas com uma condição, expressa e consistente: é preciso sustentar que a fórmula "não-negativa" – sentido ab-sexo – não é uma fórmula positiva, mas uma fórmula subtrativa. "Uma ausência no sentido, um ab-senso [*ab-sens*], ou uma subtração do, ou ao, sentido": está perfeitamente dito. É por isso que não estou mais de acordo em definir o real como "*o sentido enquanto ab-senso*".[266] Pois isso seria dar ao sentido uma supremacia sobre o ab-senso, o que opera a meu ver uma confusão prejudicial das negações. O sentido está, enquanto tal, sobre o mesmo plano que o não-sentido:

---

[264]BADIOU; CASSIN. *Il n'y a pas de rapport sexuel*, p. 112. [Ed. bras.: BADIOU; CASSIN. *Não há relação sexual*, p. 67-68.]

[265]BADIOU; CASSIN. *Il n'y a pas de rapport sexuel*, p. 111. [Ed. bras.: BADIOU; CASSIN. *Não há relação sexual*, p. 67.]

[266]BADIOU; CASSIN. *Il n'y a pas de rapport sexuel*, p. 110, grifo de Badiou. [Ed. bras.: BADIOU; CASSIN. *Não há relação sexual*, p. 66.]

eles formam o par, é um par de contrários/contraditórios. O ab-senso não é mais sentido que não-sentido. É um buraco *no par*. Evidentemente, nem por isso, tampouco, ele é fora-do-sentido [*hors-sens*]. Não chamamos o "ab-senso" do "sentido" ("do sentido ab-sexo", o predicado deveria, de todo modo, dessemantizar o sujeito, dramatizando-o) senão na medida em que somos aristotélicos quando falamos (Lacan o é também), visto que somos o que Aristóteles viu e fez de nós. Mas como somos também sofístico-analistas distinguiremos obstinadamente entre as ao menos três negações do sentido, que permitem delas diz-correr.

De fato, as negações são ao menos três:

1. O *não-sentido* que faz par com o sentido, par orientado pelo sentido, como o *não* de não-sentido [*non-sens*] o indica. É a órbita da norma descrita por Aristóteles. Que o par seja orientado, isso atesta a força refutativamente universal do dispositivo, nada mais, nada menos; em outros termos, é o efeito da decisão do sentido que alguma coisa ou tenha sentido ou não seja. Mas ninguém é, nem tem de ser aristotélico em tudo nem até o fim.

2. O *fora-do-sentido* [*hors-sens*] (eu o chamei em um primeiro quadro "um-sentido/in-sentido"[267] para retirá-lo da univocidade[268]) ou *logos* de planta, exorbitado como inumano por Aristóteles. Quando ele é reivindicado como logologia sofístico-analítica, via performance, homonímia, significante e gozo, ele determina do exterior a órbita sentido/não-sentido e a desenha como parte de um dispositivo mais englobante. É aí que a refutação, que requer, como vimos,

---

[267] É importante observar que os termos "um-sentido" e "in-sentido" são homófonos em francês, mas não em português.

[268] Quadro I, p. 120.

ao menos uma exceção para fazer demonstração e que performa o universal somente por um procedimento de exclusão, produz um efeito sofístico contra o qual Aristóteles nada pode, visto que ele precisa dele (ele deveria, sem dúvida, não ter enunciado o princípio para não se afundamentar, mas, para retomar o *Witz* do bolo e do copo de licor,[269] ele tampouco o teria fundado...). A ontologia, enquanto tal "humanista", torna-se um subconjunto particularmente próspero da logologia.

3. O *ab-senso* como furo na norma sentido/não-sentido; é um fora-do-sentido do dentro, um buraco na órbita sentido-não-sentido, uma "extimidade". É isso que nos interessa no momento.

Eu digo "ao menos três" negações, pois restaria situar a denegação: negação modal ou subjetiva, como se diz em gramática grega, interdição *via* um "tudo menos isso" (em grego se exprimiria por *mê*: o *mê on*, o "não-ser", é o que absolutamente não é, o que não pode e não deve ser), mas travestida em negação de fato, objetiva, apoiada em uma privação tranquila que implica o horizonte compartilhado de uma predicação ao menos potencialmente comum, com possibilidade do "isso" (o que se exprimiria por um *alfa* privativo ou por um *ouk*: *ouk on* é "aquilo que ocorre não ser", e pode se dizer de um morto, que foi vivo), sendo que "tudo" designa, conforme a precisão acima, que se trata justamente desse "isso" (que não deve ser).[270]

Poderemos, portanto, figurar da seguinte maneira o sentido com suas ao menos três negações:

---

[269] Um senhor entra numa confeitaria e pede um bolo; ele o troca em seguida por um pequeno copo de licor. Ele bebe e quer sair sem pagar, o dono o detém. "O que você quer?" – "Pague o seu licor" – "Mas eu te dei um bolo em troca" – "Você tampouco o pagou" – "Mas eu não o comi" (FREUD. *Le Mot d'esprit et ses rapports avec l'inconscient*, p. 95-96).

[270] Sobre essa diferença *ou/mê* nos reportaremos a *infra*, p. 179 e seguintes.

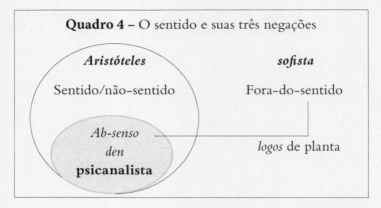

Para entender a diferença entre sentido-não-sentido, fora-do-sentido e ab-senso, "O aturdito" fornece o modelo do *den* de Demócrito, "passageiro clandestino" de toda a ontologia e "cujo *clam* faz nosso destino"[271] – o verme que rói a madeira com a qual nos esquentamos habitualmente. O *den* é muito precisamente a maneira como o fora-do-sentido [*hors-sens*] retorna (ou já retornou sempre como um sintoma que chega a cada vez com plena novidade) sob a forma de ab-senso na órbita do sentido/não-sentido. *Den*, a palavra que não é uma palavra, permite situar que com o ab-senso trata-se de subtração, e de compreender em que tipo de secundaridade significante nos movemos. É preciso sustentar o modelo subtrativo do *den*, capaz de ligar no mesmo conjunto significante, real e gozo – o que irei desenvolver em detalhe mais adiante. Mas o que me importa enfatizar agora é a relação seguinte: é o fora-do-sentido (*logos*

---

[271] LACAN. L'Étourdit, p. 51. [Ed. bras.: LACAN. O aturdito, p. 496.] [No original, a passagem é a seguinte: "passager clandestin" de toute l'ontologie et "dont le clam fait notre destin". Lacan joga aqui com *clam* e *destin* = clandestin (clandestino). *Clam* é um termo latino. Como advérbio de modo, quer dizer "de modo escondido", "secretamente"; como preposição + ablativo quer dizer "sem o conhecimento de"; *clam* significa, portanto, algo de escondido, sem ser percebido. Na passagem, trata-se do "den", o passageiro clandestino. O fato de que ele esteja escondido define o nosso destino. (N.R.)

de planta), unicamente ele nada mais além dele, que retorna para fazer furo [*trou*] no sentido/não-sentido. Ele retorna como êxtimo ao sentido, enquanto ab-senso. A organização da filosofia (o que eu chamei "escuta sofístico-analítica da história da filosofia"[272]) é estruturada como o recalque. O retorno (do recalcado) produz a diferença de época: tal é o "Aristóteles com Freud" do qual fala Lacan. O sofista volta como psicanalista lacaniano sentinela do sentido ab-sexo – sintoma, interpretação, gozo – que não é nem não-sentido nem tampouco sentido, mas um belo e bom efeito do que Alain Badiou chama "as duvidosas propriedades da linguagem".[273]

Eu gostaria de concluir provisoriamente sobre o acordo/desacordo com Alain Badiou quanto à subtração. A meu ver, o furo no sentido não é [da ordem do] sentido, o sentido do ab-sexo não é [da ordem do] sentido, não mais do sentido do que do não-sentido. Por que essa chicana? Porque se for [da ordem do] sentido (do sentido ab-sexo, mas do *sentido* ab-sexo), encontra-se então fundada a "possibilidade do matema, da transmissão integral, em suma, da fórmula". A blocagem, como na polêmica filosófica entre Leibniz e Arnauld na correspondência que vem após o *Discurso de metafísica* (o que não é *um* ser tampouco é um *ser*, repetiam todos os dois, acentuando ora *ser*, ora *um*), deve-se ao acento. *Sentido* ab-sexo ou sentido *ab-sexo*. O acento revela a finalidade, o cuidado existencial, se quisermos: por que não o matema, entre outros? – eu diria de bom grado, como o sofista a propósito da verdade; mas por que, para quem, essa "transmissão integral" (prefiro ainda mais: "Nossa herança não é precedida de nenhum testamento"...)? Com o gesto de Alain Badiou, trata-se, numa primeira abordagem, ortodoxa, da transmissão da psicanálise, que tenta Lacan mestre

---

[272]Ver *supra*, p. 57.

[273]BADIOU; CASSIN. *Il n'y a pas de rapport sexuel*, p. 136. [Ed. bras.: BADIOU; CASSIN. *Não há relação sexual*, p. 82.]

de escola. Mas, na realidade, trata-se, antes, de filosofia e do que eu chamaria um procedimento de reinserção, não tanto de Lacan na filosofia, mas da filosofia no lacanismo: "A filosofia pode se mover à altura da psicanálise sem ter que jogar fora, em benefício das duvidosas propriedades da linguagem, a sua convicção de que por mais fora-do-sentido [*hors-sens*] ou ab-senso que ela seja, uma verdade não deixa de ser, apesar de tudo, um puro toque no real".[274]

Minha questão é a mesma desde o início: o matema e o discursos tocam diferentemente o real? Eu gostaria, com um outro acento, em vez de juntar matema e angústia – a angústia é "a garantia latente do efeito de verdade produzido pela função do saber no real", sublinha Badiou[275] –, juntar discurso e gozo. Um mundo que Lacan/Badiou poderão dizer feminino, mas, como veremos, isso é uma outra história, completamente diferente, e não menos violenta.

"A linguagem come o real",
ou a definição lacaniana da logologia

Sabe-se que a posição filosoficamente correta reconhecida para o sofista pela filosofia é de ser um estímulo crítico.[276] Em linguagem lacaniana, o sofista, que se dá conta dos "impasses da lógica", situa-se na soleira do real. Por impasses da lógica, é preciso entender ("O aturdito" coloca aí os pingos nos *i* de maneira muito aristotélica) tudo o que examinamos sob o regime do *insentido* e do *logos* de planta: o que procede do raciocínio ou articulação das proposições entre si ("sofisma" propriamente dito), o que procede da sintaxe e da gramática

---

[274]BADIOU; CASSIN. *Il n'y a pas de rapport sexuel*, p. 136. [Ed. bras.: BADIOU; CASSIN. *Não há relação sexual*, p. 82.]

[275]BADIOU; CASSIN. *Il n'y a pas de rapport sexuel*, p. 131. [Ed. bras.: BADIOU; CASSIN. *Não há relação sexual*, p. 79.]

[276]Ver *supra*, p. 139-140.

de uma proposição isolada (anfibolia), o que procede, por fim, da homonímia-homofonia propriamente dita (uma palavra, uma sequência de significantes), sendo esta última instância suficiente, aliás, para gerar todas as outras.

> O real [...] se afirma nos impasses da lógica. [...] Tocamos aqui com o dedo em um domínio em aparência o mais seguro [a aritmética], o que se opõe à captura completa do discurso na exaustão lógica, o que introduz nela uma hiância irredutível. É aí que designamos o real. [...]
>
> O discurso ingênuo como tal inscreve-se de imediato como verdade. Ora, desde sempre pareceu fácil demonstrar a esse discurso que ele não sabe o que diz. Não estou falando do sujeito, falo do discurso. É a borda da crítica do sofista. A qualquer um que enuncie o que é sempre postulado como verdade, o sofista demonstra que ele não sabe o que diz. Essa é a origem de toda dialética. [...] No nível da ação sofística, é o próprio discurso que o sofista ataca.[277]

Podemos prosseguir na direção da linguagem e não naquela do matema? Claro. Tocamos mesmo aí em "uma verdade principal" (dir-se-ia Platão que faz responder *alêthestata*, "nada de mais verdadeiro", no momento de cada impossibilidade maximal do verdadeiro):

> Com efeito, para mim, a menos que se admita essa verdade principal — que a linguagem está ligada a alguma coisa que no real faz furo —, não é simplesmente difícil, mas impossível considerar seu manejo [...] É por essa função de furo que a linguagem opera sua conexão com o real.[278]

---

[277]LACAN. *...ou pire* [12 jan. 1972], p. 41-42. [Ed. bras.: LACAN. *...ou pior*, p. 39-40.]

[278]LACAN, J. *Le Sinthome*. Paris: Seuil, 2005. [Ed. bras.: LACAN, J. *O sinthoma*. Rio de Janeiro: Zahar, 2007.]

A série de furos que nos detinha[279] origina-se exatamente aqui, na relação da linguagem com o real. "Não há verdade possível como tal, exceto ao se esvaziar esse real", acrescenta Lacan. "Aliás, a linguagem come o real."[280]

A chave da relação entre a linguagem e o real é o sintoma. O sintoma se define como "o que vem do real",[281] e o equívoco é a única resposta ao sintoma, a interpretação operando unicamente pelo equívoco ("temos apenas o equívoco como arma contra o sinthoma"[282]). A psicanálise é um vasto sintoma, ao qual se pede para nos livrar do real e do sintoma, e, portanto, para acabar com ela própria caso ela tenha êxito, exatamente como a ditadura do proletariado.

O laço linguagem-real, a maneira como a linguagem come o real, eis aí o "ab-senso". O termo diz a maneira como o real e o sentido são distintos ("podemos dizer que o real tem e não tem um sentido devido a isto, que o campo do sentido é distinto dele"[283]). Ele torna presente o furo na órbita sentido/não-sentido que o real linguageiramente (ou que a linguagem realmente) opera. Encontramos assim a definição mais lacaniana da logologia: "A eficácia da linguagem" é "que a linguagem não é, ela mesma, uma mensagem, mas que ela se sustenta apenas pela função do que chamei de furo no real".[284]

Para que a definição seja completa, é preciso articular aí o gozo. "Aonde isso fala, isso goza, e nada sabe", título do capítulo IX de *Mais, ainda*:

---

[279]Ver *supra*, p. 101 e seguintes.

[280]LACAN. *Le Sinthome*, p. 31. [Ed. bras.: LACAN. *O sinthoma*, p. 31.]

[281]"J'appelle symptôme ce qui vient du réel" (LACAN. La Troisième, p. 5) ["Chamo de sintoma ao que vem do real" (LACAN. A terceira, p. 17)].

[282]LACAN. *Le Sinthome*, p. 17. [Ed. bras.: LACAN. *O sinthoma*, p. 18.]

[283]LACAN. *Le Sinthome*, p. 134. [Ed. bras.: LACAN. *O sinthoma*, p. 130.]

[284]LACAN. *Le Sinthome*, p. 31. [Ed. bras.: LACAN. *O sinthoma*, p. 32.].

O inconsciente, não é que o ser pense, como o implica, no entanto, o que dele se diz na ciência tradicional – *o inconsciente é o fato de que o ser, ao falar, goze* e, acrescento, *não queira saber de mais nada*. Acrescento que isto quer dizer – *não saber de coisa alguma*.[285]

E fechamos com o sentido do qual havíamos partido:

O gozo fálico situa-se na conjunção do simbólico com o real. Isso na medida em que, no sujeito, que se sustenta no falasser, que é o que designo como sendo o inconsciente, há o poder de conjugar a fala e o que concerne a um certo gozo, aquele dito do falo, que é experimentado como parasitário, devido a essa própria fala, devido ao falasser. Portanto, inscrevo aqui o gozo fálico contrabalançando o que concerne ao sentido. É o lugar do que é em consciência designado pelo falasser como poder.[286]

Pouco importa a data do seminário ou do escrito, estamos aí na mais perene das novidades de Jacques, o Sofista: desde "A significação do falo"[287] (1958) até *De um discurso que não fosse semblante*[288] (1971) e para além dele, o que se chama "falo" [*phallus*] é o poder de significação: "[...] *die Bedeutung des Phallus* é, na realidade, um pleonasmo. Não há na linguagem outra *Bedeutung* senão o falo. A linguagem, em sua função de existente, só conota, em última análise, a impossibilidade de simbolizar a relação sexual nos seres que habitam essa linguagem, em razão de ser a partir desse *habitat* que eles sustentam a fala".[289]

---

[285]LACAN. *Encore*, p. 95. [Ed. bras.: LACAN. *Mais, ainda*, p. 143.]

[286]LACAN. *Le Sinthome*, p. 56. [Ed. bras.: *O sinthoma*, p. 55.]

[287]Em *Escritos*.

[288]LACAN, J. *D'un discours qui ne serait pas du semblant*. Paris: Seuil, 2007. [Ed. bras.: LACAN, J. *De um discurso que não fosse semblante*. Rio de Janeiro: Zahar, 2009.]

[289]LACAN. *D'un discours qui ne serait pas du semblant*, p. 148. [Ed. bras.: LACAN. *De um discurso que não fosse semblante*, p. 139]. Ver também

Simplesmente, pode-se interpretar positivamente o falo, como uma ancoragem primeira, até mesmo uma boanova – caridade de Freud. Ele é o equivalente da "cópula lógica", o significante "destinado a designar em seu conjunto os efeitos de significado" através das duas vertentes geradoras da metonímia e da metáfora, pois ele "dá a razão do desejo"; Lacan positiva assim, profundamente, todo o afresco da Antiguidade até em seus mistérios pompeianos: "A função do significante fálico desemboca, aqui, em sua relação mais profunda: aquela pela qual os antigos encarnavam o *Nous* e o *Logos*" – diz ele na última página de "A significação do falo".[290] Ou então o interpretamos subtrativamente, e fazemos disso o nome comum do ab-senso, ligado à ausência de relação sexual, isso de que a linguagem e o que isso diz constituem a multiplicação tão excitante quanto monótona. O significante mais bem adaptado para significar subtrativamente esse significante primeiro, ou seja, o nome próprio da subtração, é então, pela maneira mesma como ele é fabricado, o *den* de Demócrito.

O passageiro clandestino: o den, significante do significante

Seja, então, a sequência logológica lacaniana: performance, homonímia, significante, sintoma, real, ab-senso, gozo. Eu gostaria de focar em dois pontos que me interessam particularmente: o paradigma do significante que é o *den* de Demócrito, e a relação entre gozo discursivo, gozo fálico e gozo feminino.

LACAN. *...ou pior* [19 abr. 1972], ou a definição do falo em *O sinthoma* (p. 16): "O falo é a conjunção do que chamei de *esse parasita*, que é o pedacinho de pau em questão, com a função da fala".

[290]LACAN, J. La signification du phallus. In: *Écrits*, p. 695. [Ed. bras.: LACAN, J. A significação do falo. In: *Escritos*. Rio de Janeiro: Zahar, 1998, p. 703.]

Do antiaristotelismo ao ab-aristotelismo, passamos da recusa do princípio "não há contradição" ao princípio "não há relação sexual". É a discursividade desse novo princípio, não há relação sexual, que "O aturdito" realiza.

"O aturdito", texto em língua francesa e até mesmo em supra ou metafrancês, é, a meu ver, o texto contemporâneo que reúne, do seu lado, as maiores chances de escapar ao aristotelismo, precisamente porque ele é não antiaristotélico, mas muito ativamente ab-aristotélico.

Demócrito é o ponto de chegada de "O aturdito", sua escapada final com o *"joke* sobre o *mêden"*. Pois Demócrito é o primeiro/o único na Antiguidade (devo dizer: antes de Lacan?) não apenas a escrever o significante, mas também a escrevê-lo conectado [*en prise*] com a negação, precisamente como Lacan faz em "O aturdito":

> Mas, ao *rirmos* disso, a língua a que sirvo se veria refazendo a piada de Demócrito sobre o *mêden* – ao extraí-lo, pela queda do *mê* da (negação) do nada que parece invocá-lo, como faz nossa banda consigo mesma em seu socorro.

Demócrito, com efeito, presenteou-nos com o *atomos*, o real radical ao elidir o "não", *mê*, mas em sua subjuntividade, ou seja, esse modal cuja consideração a demanda refaz. Com o que o *den* foi realmente o passageiro clandestino cujo *clam* cria agora nosso destino.

> Não mais materialista nisso do que qualquer pessoa sensata, eu ou Marx, por exemplo. Quanto a Freud, eu não juraria: quem sabe a semente de palavras extasiadas que pode ter brotado em sua alma a partir de um país em que a Cabala progredia?[291]

[291] LACAN. L'Étourdit, p. 50-51. [Ed. bras.: LACAN. O aturdito, p. 496.]

Se o *den* é passageiro clandestino, é porque Aristóteles e a filosofia que segue seus passos o proíbem de aparecer. Eles o travestem através de uma tradução radical que anexa a operação de Demócrito à física, ao sentido e à verdade. Eu detalho em outro lugar[292] como Aristóteles e toda a doxografia transformaram a estranheza do *den*, essa palavra que não existe, em nome do átomo, diferenciando-o do vazio, e assim naturalizaram a relação significante *den/mêden*, em uma designação físico-ontológica, com os átomos como nome do ente e o nada como nome do espaço. *Den* e *mêden*, átomo e vazio, o ente sob a forma de corpúsculos indivisíveis ilimitados em número num espaço ilimitado em grandeza: circulando, não há nada para se ver, a ontologia está intacta e podemos renovar a ciência.

Lacan desfaz a mascarada, ele ouve com uma justeza desconcertante o "riso" [*rire*] e o "nada" [*rien*] a partir do sintoma que é o *den*, significante, que não vale por todos, como o falo, mas significante modelo ou paradigma do que é (barremos "é", será sempre isso, de fato) um significante. Um parêntese aqui: quando um historiador da filosofia lê Lacan, a julgar por mim mesma, ele fica escandalizado por tanta desenvoltura quanto ao que ele conhece bem e só trabalha com a prudência do escrúpulo reverencial. Depois, quando ele conhece de fato verdadeiramente bem e, digamos, autoriza-se por si mesmo, os jogos de palavras lacanianos chegam-lhe, então, elaborados, e como flechas franqueiam a distância segundo o *kairos* da interpretação. De tal forma que os dois sentidos de interpretação, a hermenêutica histórico-social e a intepretação analítica, fazem por fim um par ambíguo.

---

[292]Ver BADIOU; CASSIN. *Il n'y a pas de rapport sexuel*, p. 64-69. Retomo aqui as referências à medida do necessário. [Ed. bras.: BADIOU; CASSIN. *Não há relação sexual*, p. 38-42.]

Riso [rire]*[293]* *e nada* [rien]

Riso [*rire*] e nada [*rien*]. Partamos do riso. "Demócrito ria de tudo", *egela panta*, diz Hipólito[294]: o riso é o melhor aliado da interpretação psicanalítica. Demócrito é o filósofo que ri, diferentemente de Heráclito, que é representado em prantos diante da fuga dos seres e do tempo. Nos bons manuais, esse riso é atribuído ao seu materialismo zen: não há senão os átomos e o vazio, não vale a pena se preocupar; e nós o aproximamos do contentamento moral do sábio antigo, laureado tanto por Pierre Hadot como por Michel Foucault, felizes, em sua autossuficiência, de escapar das perturbações humanas e desprezando seus congêneres e descarregando sobre eles apotegmas morais bastantes piegas (esses apotegmas democritianos, tão numerosos, seria preciso interpretá-los, também eles, e reinventar a "convenção" como Demócrito pede que reinventemos o preto e o branco e todas as qualidades sensíveis). Olhemos mais de perto a fuça dos Demócritos pintados pelos holandeses, o de Ter Brugghen, com a boina de través e dedo indicador apontado, e o de Johan Moreelse, que estende os dois dedos do *cornuto*: está, portanto, claro que ele faz sinal de zombaria, ele zomba da física representada pelo globo terrestre sobre o qual se apoia, ele zomba da ontologia.[295] A física e a ontologia são cornudas! "Vamos, portanto, e que os Céus prósperos nos deem filhos dos quais sejamos os pais!", conclui o *L'Étourdi*, de Molière. Gosto muito de que o óleo sobre tela torne mais perspicaz do que séculos de comentários.

[293] *Rire*, em francês, pode ser tanto o verbo "rir" quanto o substantivo "riso". (N.T.)

[294] ARISTÓTELES. *Refutações sofísticas*, I, 13 = 65 a 40 DK, t. II, p. 94.

[295] Ver "Le passage clandestin" [sobre *Démocrite, le philosophe rieur*, de Johan Moreelse] em *Portraits de la pensée*, sob a direção de Alain Tapié e Régis Cotentin, Palais des beaux-arts de Lille (Paris: Nicolas Chaudun, 2011, p. 130-133).

Johannes Moreelse,
Démocrite, le philosophe rieur (por volta de 1630)

Partamos agora do nada [*rien*] em sua relação com o riso [*rire*]: "ada".[296]

Os átomos, contrariamente ao que a tradição fez deles, não são corpos indivisíveis, por menores que sejam: não são coisas nem seres, mas "ideias" e "esquemas". *Atomos idea*: o átomo é uma ideia – "Os átomos que ele chama também de ideias são tudo".[297] Demócrito não é "materialista"; não mais que Freud ou que vocês e eu, diz Lacan, que o convoca muito regularmente no ponto de articulação com o idealismo, em "O aturdito", *Mais, ainda* ou *Os quatro conceitos*. A ideia que é o átomo não cessou de ser travestida em materialismo nem de ser refisicizada; mas a palavra *den* gera sintoma, obrigando quem quer ouvi-la a não passar tão rapidamente. É verdadeiramente o significante que significa o significante. Como assim?

---

[296] No original: *rie*. Trata-se do termo francês *rien* menos o "n" final. Barbara Cassin tem com esse termo inventado, *rie*, a tradução do termo grego inventado por Demócrito: "den", que é "meden", "nada", menos "me". Propusemos como correspondente em português: "ada", que seria "nada" menos o "n" inicial. (N.R.)

[297] PLUTARCO. *Adversus colotem*, 8, 68 A 57 DK, p. 110 F.

Demócrito fabrica uma palavra que não existe em sua língua. Ele corta *mêden*, "nada" [*rien*], um pronome usual e correto, em *mêd'hen*, "nem mesmo um" [*pas même un*], para inventar *den*, algo como "menos que nada", um pedaço da palavra *nada* [*rien*] mal-cortada, uma subtração de nada [*rien*]. Para traduzir esse negócio como ele é feito, poder-se-ia dizer, como Lacan, deixando cair o *a*, algo como *nad*, ou, antes, cortando o início, como faz Demócrito, e deixando cair o *n*, algo como *ada*. *Den*, com efeito, não é uma palavra grega, ela não consta nem no dicionário Bailly, grego-francês, nem no Lidell Scott Jones, no entanto mais completo, grego-inglês, ele não existe na nomenclatura finita que é a língua grega antiga.[298] Ela consta, entretanto, num excelente dicionário, o *Dictionnaire étymologique de la langue grecque*, de Chantraine,[299] que remete precisamente ao fragmento 156 de Demócrito, na fórmula: *mê mallon to den ê to mêden einai*, em que *den* é explicitado por *sôma*, "corpo", e *mêden* por *kenon*, "vazio": "não ser mais corpo que vazio"[300] [*n'être pas plus corps que vide*]. Chantraine acrescenta que "se trata claramente de um termo mais ou menos artificialmente extraído de *ouden*". Mais ou menos artificial, e antes mais do que menos, esse negócio que não se encontra nos dicionários

---

[298] O primeiro a chamar a atenção para o *den* (a minha atenção, em todo caso) e o primeiro a interpretar o atomismo a partir dessa invenção de Demócrito e contra a sua re-escritura aristotélica é Heinz Wismann, em seus seminários e, por exemplo, em "Atomos Idea", *Neue Hefte für Philosophie*, XV-XVI, 1976, p. 34-52. Ver mais recentemente *Les Avatars du vide. Démocrite et les fondements de l'atomisme* (Paris: Hermann, 2010).

[299] CHANTRAINE. *Dictionnaire étymologique de la langue grecque: histoire des mots*.

[300] Chantraine acrescenta que um genitivo *denos* já se encontra em Alceu, o lírico (século VII a.C., Alc. 320 LP), "num texto duvidoso e obscuro, *kai k'ouden ek denos genoito*, onde se traduz *denos* por "nada" [*rien*], ou melhor, "algo". "Nada" [*rien*], ou melhor, "algo": a equivalência deve ser sublinhada. E ele conclui com uma suntuosa denegação "Nada [*rien*] a ver com o grego moderno *den*, "nada" [*rien*] (CHANTRAINE. *Dictionnaire étymologique de la langue grecque: histoire des mots*, p. 251).

de língua é uma "palavra forjada", diz justamente Lacan em *Os quatro conceitos*.[301] O *terminus technicus* democritiano é um jogo de palavras grego. Para compreender as modalidades de sua construção é preciso instrumentos como: significante, escrita, negação, modalidade, um, e, sobretudo, é preciso a ideia de corte, de falso corte. O *den* é, se eu quisesse defini-lo para que não se compreenda aí mais "nada", um significante construído através de um corte atópico na escrita da negação modal subjetiva, de tal forma que ao dizer um, isso gere o outro.

O falso corte, ou do "moterialismo"[302]

Sustentemos a palavra que não existe, pois é de uma maneira muito particular que ela não existe. Como todos os signos, ela é "arbitrária" no sentido de que ela só tem valor pela diferença. O que existe, e de que ela se diferencia, é o termo negativo, que pode tomar duas formas: *ouden* ou *mêden*. São dois adjetivos ("nenhum, nenhuma") e dois pronomes ("ninguém, nada"), que, no acusativo neutro, podem servir de advérbios ("em nada, de forma alguma"). Que eles sejam dois é muito característico da língua grega: ela possui, com efeito, nós o evocamos, dois tipos de negação, uma negação dita de fato, ou objetiva, em *ou*, e uma negação modal, de impossibilidade e de interdição, dita proibitiva e subjetiva, em *mê*. Utiliza-se a segunda, essencialmente, nos modos que não são do indicativo, tanto nas orações principais quanto nas subordinadas, para as ordens, as advertências, os votos e os pesares, as eventualidades

---

[301] LACAN, J. *Les quatre concepts fondamentaux de la psychanalyse* [1964]. Paris: Seuil, 1973, p. 62. [Ed. bras.: *O seminário, livro 11: os quatro conceitos fundamentais da psicanálise* [1964]. Rio de Janeiro: Zahar, 1985, p. 64.] É no seminário *Encore*, p. 66-67 [ed. bras.: *Mais, ainda*, p. 96-97] que se encontra a outra grande passagem onde ele fala disso; voltaremos a esses dois textos. Ver *infra* p. 183 e seguintes, nota 311; p. 185.

[302] J. Lacan cria o neologismo *motérialisme* a partir da junção de *mot* (palavra) e *matérialisme*, ou seja, a materialidade da palavra. (N.T.)

e as virtualidades que se recusam ou que se apreendem. *Mêden*, como *mê on*, é alguma coisa que não pode e que não deve ser, nem estar ali, nem ser assim, o nada [*néant*] talvez. Por outro lado, *ouden*, como *ouk on*, é simplesmente alguma coisa que não é, que não está ali, que não é assim, mas que poderia bem ser ou que pôde ser, um morto por exemplo, um nada [*rien*] talvez.[303] *Den* contrasta portanto com *ouden* (na doxografia democritiana de Simplício) e, de maneira mais insistente e voluntarista, com *mêden* (nas de Plutarco e de Galiano). Tanto num caso como no outro, a palavra negativa é muito transparente: ela é construída sobre *hen*, "um", o adjetivo numeral no neutro, precedido de uma partícula negativa. Não se trata, aliás, da negação simples (*ou* ou *mê*: "não" [*ne pas*], "não" [*non*]), mas da mais simples das negações compostas, composta, nesse caso, com a partícula opositiva mais corrente e a mais insignificante de todas em grego: *de* (*ou-de*, *mê-de*: "nem mesmo", como o latim *ne quidem*, ou "nem... nem", quando ela está duplicada[304]). Ouve-se, portanto, tanto em *ouden* quanto em *mêden*: *oude hen*, "nem mesmo um", e *mêden hen*, "nem mesmo, e sobretudo nem, um". De *ouden hen* e *mêden hen* a *ouden* e *mêden*, a consequência é certa: um bom grego, uma etimologia sã.

O problema é que, nessa via, não se encontra *den*; eu diria mesmo: é impossível encontrar *den* quando se segue o fio da língua (e para dizer essa última frase em grego, eu utilizaria *mê* e não *ou*!). *Den* é o produto de um falso corte, aberrante em relação à etimologia inscrita nas palavras: é significante assinado, uma fabricação voluntária, a marca de um desvio.

---

[303] A diferença é colocada em cena no *Poema*, de Parmênides (ver CASSIN. *Parménide. Sur la nature ou sur l'étant. La langue de l'être?*, p. 200-211).

[304] O fato de se tratar de uma negação composta não é sem efeito sobre o sentido produzido pela sintaxe das negações. Em grego, quando uma negação composta segue uma negação simples, isso não equivale a uma afirmação, como poderíamos pensar com base no francês, mas, pelo contrário, ela reforça a negação.

Quadro 5 – *Den*, o significante do significante

Afirmação	Negação objetiva	Negação subjetiva, interdição	Invenção significante
hen (palavra raiz) "um"	*ouden* = *oud'hen* (etimologia) "nada" = nem mesmo um	*mêden* = *mêd'hen* (etimologia) "nada" = tudo exceto um	*mê/den* → *den* (falso corte) menos que nada, "ium"[305]

Acrescento que é impossível tomar isso por outra coisa que não seja uma violência, violência perceptível por, ouso dizê-lo, todos os gregos. A negação tem em todas as línguas uma hereditariedade ontologicamente carregada. O francês atual o atesta de maneira, para nós, mais perceptível que o grego; assim, "pessoa/ninguém" [*personne*][306] é inicialmente alguém, uma pessoa, a partir de *persona*, a máscara do ator, que não é certamente uma entidade anódina; e "nada" [*rien*] é inicialmente *rem*, uma coisa, no acusativo, "uma *rien*" em francês antigo, que "um nada" elimina progressivamente: "a palavra oferece", diz precisamente o *Dictionnaire historique de la langue française*, "um atalho da evolução do sentido etimológico de 'coisa' transformado em 'nada' [*néant*]".[307] A mesma coisa acontece com a [palavra] hispânica *nada*, construída com base no latim [*res*] *nata* (particípio passado de *nasci*, "nascer"): "nada" [*rien*], ou seja, "uma nascida". E quando não é a entidade positiva que,

---

[305] Neologismo criado por Barbara Cassin como um outro modo de traduzir o "den" de Demócrito, a fim de incluir o "hen", o "um" que se encontra no interior de "den". "Ium" faz referência ao "ien" que ela tinha utilizado antes para traduzir o "den". O "ada" não é só menos que "nada", é menos do que "um", daí, "ium". (N.R.)

[306] Em francês o termo "personne", dependendo do uso, pode significar tanto "pessoa" quanto "ninguém". Como quando se diz: "Il n'y avait personne", "Não havia ninguém". O mesmo se passa com o termo "rien", "nada", que ela descreve a seguir, que originalmente queria dizer "uma coisa", do latim "rem", acusativo de "res", mas que, progressivamente, passa a significar "nada". (N.R.)

[307] REY, A. (Dir.). *Dictionnaire historique de la langue française*. Paris: Le Robert, 1993, v. II, p. 1808.

diretamente, muda de sentido, a diferença e a inventividade das línguas se leem na escolha do que é negado: "eu não acredito nisso" [*je n'y crois pas*], "não vejo nada ali" [*je n'y vois goutte*], "não ouço nada disso" [*je n'y entends mie*], e eu não compreendo nada disso. *Mêden, mêtis*, não um [*pas un*], não qualquer um; *nihil*: não (se os dicionários sabem o que dizem) há *hilum*, esse pontinho negro na ponta da fava, e *nemo*, não um homem; *nothing* e *nobody*, não uma coisa e não um corpo; e *nichts*, não um *Wiht*, pequeno demônio, do lado *muthos*, ou então, do lado *logos*, não há *Wicht*, sobre *Wesen*, a essência.

É dessa ordem geral das línguas, a ordem de seu sentido, que faz da negação a negação de uma entidade positiva (*omnis determinatio est negativo* adquire ainda mais um sentido), que o *den* se afaste tornando, ao mesmo tempo, isso manifesto. Pelo amálgama insólito da última letra da negação e do positivo negado, ele obriga a ouvir que o átomo não apenas não é uma afirmação ou uma posição, o ser ou o um, mas ainda que ele não é a negação deles, que ele não tem consistência de "na-da" [*né-ant*] nem de "nada" [*rien*]. "*Nada [*rien*], talvez? não [*non pas*] – talvez nada [*rien*], mas não nada [*pas rien*]*."[308]

O átomo é literalmente menos que nada, razão pela qual propus chamá-lo "ada" [*ien*], ou melhor, para manter a

---

[308]Eis a passagem completa que comentei de forma fragmentada: "[...] a *tiquê* nos traz de volta ao mesmo ponto em que a filosofia pré-socrática procurava motivar o próprio mundo. Ela precisava de um *clinamen* em algum lugar. Demócrito – quando tentou designá-lo, já se colocando como adversário de uma pura função de negatividade por onde introduzir o pensamento – nos diz – *não é o mêden que é essencial*, e acrescenta – lhes mostrando que, desde o que uma de nossas alunas chamava a etapa arcaica da filosofia, a manipulação das palavras era utilizada exatamente como no tempo de Heidegger – *não é um mêden é um den*, o que em grego é uma palavra forjada. Ele não disse *hen* para não falar do *on*, o que disse ele? – ele disse, respondendo à questão que era a nossa hoje, a do idealismo, – *Nada, talvez? não – talvez nada, mas não nada*" (LACAN. *Les Quatre concepts fondamentaux de la psychanalyse*, p. 61-62. [Ed. bras.: LACAN. *O seminário, livro 11: os quatro conceitos fundamentais da psicanálise*, p. 64]).

etimologia recusada: *"ium"*. *Den, ium*, é o nome do átomo na medida em que não se pode mais nem confundi-lo com o ser da ontologia nem tomá-lo por um corpo elementar da física. É simplesmente um jogo de palavras, meio engraçado. Para nos advertir de que o átomo não é, primeiramente, um corpo, mas, primeiramente, um significante, que a física não é, primeiramente, matéria, mas, antes, língua, e mesmo escrita, um jogo de escrita. Demócrito "ri tudo" porque o "materialismo" é, em todo o rigor do termo, um *"motérialismo"*.[309]

Do gozo do ser ao gozo do corpo

Mais, ainda tematiza muito claramente esse primeiro pedaço da travessia: de Aristóteles a Demócrito, passa-se do ser e do "gozo do ser" (com todo o resto de São Tomás a Rousselot, e a caridade bem-ordenada[310]) ao, se ainda for preciso manter a palavra "ser", "ser da significância", e à sua razão de ser, "o gozo do corpo":

> O que busca Aristóteles, e isso abriu a via para tudo aquilo que, em seguida, se arrastou atrás dele, é o que seja o gozo do ser. [...]
>
> O ser – se querem a qualquer preço que eu me sirva desse termo – o ser que eu oponho a isso – [...] é o ser da significância. E não vejo em quê isso seria decepcionar os ideais do materialismo – digo os *ideais* porque está fora dos limites de sua épura reconhecer a razão do ser da significância no gozo, o gozo do corpo.

---

[309]LACAN, J. Conférence à Genève sur le symptôme du 4 octobre 1975. *Le Bloc-Notes de la Psychanalyse*, n. 5, 1985, p. 5-23.

[310]Pierre Rousselot (1878-1915): jesuíta, autor de *L'Intellectualisme de Saint Thomas* e *Pour l'histoire du problème de l'amour au Moyen Âge*. A expressão *charité bien ordonée* (caridade bem-ordenada) faz referência ao ditado francês *Charité bien ordonnée commence par soi-même* (cujo sentido é: deve- se ajudar a si mesmo antes de ajudar ao próximo). (N.R.)

Mas um corpo, vocês compreendem, desde Demócrito, não me parece materialista o suficiente. É preciso encontrar os átomos, e todo aquele troço, e a visão, a olfação, e tudo aquilo que se segue disso. Tudo isso é absolutamente solidário.

Não é por nada que, eventualmente, Aristóteles, mesmo se ele se faz de desgostoso, cita Demócrito, pois se apoia nele. *De fato, o átomo é simplesmente um elemento de significância volante, um* stoikheion *muito simplesmente.*[311]

O átomo é um elemento de significância volante, como o "mana" é um significante flutuante: são significantes conformes ao seu ser que não é um ser, a saber, seu ser equívoco de significante, sua ausência de identidade (uma *de*negação,[312] eu ousaria). Pois, acabamos por sabê-lo: "o que caracteriza o significante é somente ser o que todos os outros não são", ele manifesta "a presença da diferença como tal e nada mais".[313]

É preciso manter com força que essa não é uma maneira de fundar o um. O *den* não se deixa domesticar, razão pela qual ele não se torna princípio. É por isso que ele difere muito sensivelmente do que Lacan, aproximadamente no mesmo momento de sua atenção, nomeia, tirando explicitamente partido de *nada*, "a *nada*", primeira, anterior à mônada, "constituída por esse conjunto vazio cuja transposição é justamente aquilo de que o Um se constitui", "a porta de entrada que é designada pela falta", "pelo lugar onde se cria um furo", o "saco furado" no "fundamento do há um [*Yad'lun*]".[314] O *den*

---

[311] LACAN. *Encore*, p. 66-67, grifo meu. [Ed. bras.: LACAN. *Mais, ainda*, p. 96-97.]

[312] No original, em francês: *déni*. Barbara Cassin faz aqui um jogo de palavras entre *déni* (de *dénier*, "denegar"), e *den*, o termo grego inventado por Demócrito. (N.T)

[313] LACAN, J. L'Identification [6 déc. 1961].

[314] LACAN. *...ou pire* [19 avril 1972], p. 147. [Ed. bras.: LACAN. *...ou pior*, p. 141.]

só se pensa, de fato, depois do um, como operação subtrativa e não como proveniência, furada ou não. Não dialetizável, precisamente por não ser uma negação da negação, assumida e realçada, mas uma subtração a partir da negação, e com isso um prestígio, uma ficção, obtido por secundaridade crítica. Não é uma porta de entrada, mas uma porta de saída, uma escapatória que faz a origem tropeçar e a história da filosofia desviar, portanto também a da física, como o *clinamen*, com o qual Lacan logo a comparou.[315] Talvez, no lugar do furo, fosse preciso manter o corte, e encontrar a *Bedeutung* da qual partimos. "O falo é a conjunção do que chamei de *esse parasita*, ou seja, o pedacinho de pau em questão, com a função da fala."[316]

O *den*, pedacinho cortado, é, por sua vez, o parasita da ontologia... É com a significância que ele incarna que se passa do gozo do ser, gozo fálico, fora do corpo, o de Aristóteles que filosofa, ao gozo do corpo – qual, o de quem justamente?

A letra e a lalíngua

A força do *den*, representada pelo falso corte, é que nele a subtração está escrita: ele só existe como um efeito de escrita na *scriptio continua*. É por essa razão que ele pode servir de paradigma: "O significante não é o fonema. *O significante é a letra. Somente a letra faz furo*".[317]

"O aturdito", que inscreve em seu título o equívoco da letra para melhor destacar o significante, tem ainda mais razão de se deter no *den*, visto que Demócrito concebe seus átomos como letras. As propriedades do átomo remetem ao *ductus* da escrita. Aristóteles, que traveste o atomismo em física dos corpos elementares, é suficientemente íntegro e suficientemente

---

[315] LACAN. *Les Quatre concepts fondamentaux de la psychanalyse*, p. 61-62. [Ed. bras.: LACAN. *Os quatro conceitos fundamentais da psicanálise*, p. 64.]

[316] LACAN. *Le Sinthome*, p. 15. [Ed. bras.: *O sinthoma*, p. 16.]

[317] LACAN. Conférences et entretiens dans des universités nord-américaines, p. 60.

ardiloso para nada calar sobre o modelo da escrita, e propõe imediatamente uma tradução-redução com características compatíveis com aquelas dos corpos de sua própria física. No livro *Alfa* da *Metafísica*, as três "diferenças" que são causas de todas as outras são assim nomeadas por Leucipo e Demócrito, e renomeadas por Aristóteles:

> <Leucipo e Demócrito> dizem que há três diferenças: a figura [*skhêma*], a ordem [*taxin*] e a posição [*thêsin*]. Eles dizem, com efeito, que o ente se diferencia somente pelo ritmo [*rhusmôi*], o contato [*diatigêi*] e a maneira de falar [*tropêi*]. Ora, o ritmo é a figura; o contato é a ordem; e a maneira de falar é a posição. Assim, o A difere do N pela figura; AN difere de NA pela ordem; e Z difere de N pela posição.[318]

O ritmo, o das ondas, dos acasos da vida, dos humores dos homens, não designa a "figura" ou a "forma", o "esquema" visível [*skêma, morphê, eidos*] que faz que um objeto seja idêntico a ele mesmo e reconhecível para quem o olha, mas a maneira como o objeto surge de seu movimento, tomado no devir e no fluxo como o é uma música, o *ductus* da escrita que fabrica uma letra e não outra. O "contato" não é a ordem que inscreve a sucessão no espaço e na hierarquia, mas os pontos de contato que determinam, tanto a maneira como o *ductus* se recorta em interseções para fazer uma letra quanto a maneira como as letras se encostam para produzir palavras. A "maneira de falar", aspecto ou tropo, não é a "posição" perene que um objeto ocupa no espaço, mas a maneira como o *ductus* gira para produzir a trajetória de uma letra, e a inscrição dessa trajetória no espaço. Ondas e propagações, efeitos e efeitos de efeitos,

---

[318] ARISTÓTELES. *Metafísica*, A, 985 b 13-19. A comparação com as letras é atestada no contexto do *De generatione et corruptione* a título de exemplo da plasticidade das ligações entre átomos: "Com efeito, são as mesmas letras que produzem a tragédia e a comédia" (I, 2, 315 b 14 s).

antes de serem corpos. *Den*: o nome do significante quando ele se inventa enquanto tal, não podendo ser confundido com nenhum significado nem com nenhum referente, está portanto ligado à letra e à apresentação do discurso pela letra. Tal é a amplitude do "*clam*" que faz a engrenagem de "O aturdito".

A sequência logológica lacaniana se precisa e continua em: significante-letra-lalíngua. "Não existe letra sem lalíngua. É este inclusive o problema – como pode lalíngua precipitar-se na letra?"[319] Essa propriedade estranha, "O aturdito" a relaciona com o caráter constituinte do equívoco: "O dizer da análise provém apenas do fato de que o inconsciente, por ser estruturado *como uma* linguagem, isto é, lalíngua que o habita, está sujeito ao equívoco pelo qual cada uma delas se distingue. Uma língua, entre outras, não é nada além da integral dos equívocos que sua história deixou persistirem nela".[320] Esta última frase, repito-o, tornou-se para mim uma frase-fetiche,[321] pois quando se para de ler aqui, omitindo as lalínguas das quais se trata e que o que está em questão é o inconsciente, quando se toma a frase pelo que ela diz, faz-se um dicionário dos intraduzíveis, vocabulário europeu das filosofias, que se apoia na integral dos equívocos que a história de cada língua deixou persistir – as línguas da Europa, no caso, quando não se sabe fazer melhor. Apoiamo-nos nos equívocos e nas homonímias: "sentido", "sentido" e "sentido" (direção, semântica, percepção), *mir* (paz/mundo/comuna camponesa) ou *logos*, e os trabalhamos texto a texto como sintomas de mundos.

Monotonia do "não há relação sexual"

Mas há uma continuação dessa frase em "O aturdito". Ei-la: "Uma língua, entre outras, não é nada além da integral

---

[319]LACAN. La Troisième, p. 24. [Ed. bras.: LACAN. A terceira, p. 25.]

[320]LACAN. L'Étourdit, p. 47. [Ed. bras.: O aturdito, p. 492.]

[321]Ver *supra*, p. 61.

dos equívocos que sua história deixou persistirem nela. É o veio em que o real – o único, para o discurso analítico, a motivar seu resultado, o real de que não existe relação sexual – aí se depositou ao longo das eras". E aí, pode ser que o filósofo, no fundo, desiluda-se ou se entedie. Num dicionário dos intraduzíveis, tomando cada língua como uma lalíngua, se terá encontrado a maneira como o real, a saber, que não há relação sexual, depositou-se. Isso não é muito engraçado – ou, quem sabe, é muito engraçado? À redução, redução e meia. Em que consiste o ganho? Ele consiste em passar da verdade ao real, e o real é, ponto barra, que não há relação sexual. É daí que tudo parte e é a isso que tudo retorna. O ser é um efeito de discurso dentre outros, "notadamente", e a ontologia é uma vergonha ("hontologia"[322]), mas, "o que dizer?". O real, que não há relação sexual: não mais notadamente mas monotadamente.[323] Que não há relação sexual. Não há outro real e nenhuma outra coisa a dizer. É monótono. E a maneira de dizê-lo é escrever o Real, que a partir de então não é mais real, com uma maiúscula. Mais fácil de escrever do que de dizer, ainda que alguns possam falar disso o tempo todo.

De um discurso que não fosse semblante, e depois *Mais, ainda*, explicitam o laço do novo princípio com a letra. "Não há relação sexual" não deve, evidentemente, ser ouvido como um hontólogo o ouviria: não se trata de essencializar a não-relação – "ainda assim fazemos amor, hein?".[324] Simplesmente, "a relação sexual não pode ser escrita".[325]

---

[322] LACAN. *L'Envers de la psychanalyse* [17 juin 1970]. [Ed. bras.: LACAN. *O avesso da psicanálise*.]

[323] Neologismo forjado por Barbara Cassin que reúne "monótono" e "notadamente". (N.T.)

[324] LACAN. *D'un discours qui ne serait pas du semblant*, p. 107. [Ed. bras.: LACAN. *De um discurso que não fosse semblante*, p. 107.]

[325] LACAN. *D'un discours qui ne serait pas du semblant*, p. 135. [Ed. bras.: LACAN. *De um discurso que não fosse semblante*, p. 135.] "Que não haja

Se não houvesse discurso analítico, vocês continuariam a falar como papagaios, a cantar o diz-que-diz-que corrente [*disque-ourcourant*],[326] a fazer girar o disco, esse disco que gira porque *não há relação sexual* – essa é uma fórmula que só se pode articular graças a toda a construção do discurso analítico, que há muito tempo eu lhes ladainho.

Mas, por lhes ladainhar, ainda tenho que explicá-la – ela só se sustenta pela escrita pelo fato de que a relação sexual não se pode escrever. **Tudo que é escrito parte do fato de que será para sempre impossível escrever como tal a relação sexual**. É daí que há um certo efeito do discurso que se chama a escrita.

Podemos, a rigor, escrever $x \ R \ y$, e dizer que x é o homem, que y é a mulher e R é a relação sexual. Por que não? Só que é uma besteira, porque o que se sustenta sob a função de significante, de *homem* e de *mulher*, são apenas significantes totalmente ligados ao uso *diz-que-diz--que corrente* da linguagem. Se há um discurso que lhes demonstre isto, é mesmo o discurso analítico, ao pôr em jogo o seguinte, que a mulher não será jamais tomada senão *quoad matrem*. A mulher só entra em função na relação sexual enquanto *mãe*.

Aí estão verdades maciças, mas que nos levarão mais longe, graças a quê? Graças à escrita.[327]

Tudo o que se diz quando se fala ("o diz-que-diz-que corrente") exprime essa não-relação, cuja evidência a psicanálise lacaniana constrói e sobre a qual insiste. Essa evidência precisa da escrita para se ver ou para se pensar, mas a colocação

relação sexual, eu já o fixei sob essa forma, que não há nenhum modo de escrevê-lo atualmente" (LACAN. *D'un discours qui ne serait pas du semblant*, p. 83 [ed. bras.: LACAN. *De um discurso que não fosse semblante*, p. 84]).

[326] Expressão forjada por Lacan que, em francês, é homófona a *discours courant* (discurso corrente). Lacan marca aí a oposição entre participar do discurso corrente e entrar no discurso analítico. (N.T.)

[327] LACAN. Encore, p. 35-36, os itálicos são de Lacan, e os negritos são meus. [Ed. bras.: Mais, ainda, p. 48-49.]

em cena da impossibilidade de escrever a relação conduz a uma proliferação análoga àquela do discurso: tudo o que se escreve não se escreve jamais senão a partir dessa impossibilidade, procede do mesmo furo e cai no mesmo furo. Quando escrevemos $x \, R \, y$, nós o escrevemos, "só que é uma besteira". A mulher não será jamais tomada senão como *quoad matrem* e o homem, *quoad castrationem*: enquanto, *als*, *hêi*, como o ente de Aristóteles fora da filosofia primeira enquanto número, linha, fogo, mas não enquanto ente. Estamos numa doutrina dura. Não saímos disto: Aristóteles "não faz a menor ideia de que o princípio é este: não há relação sexual". "A linguagem [...] só conota, em última análise, a impossibilidade de simbolizar a relação sexual nos seres que habitam essa linguagem, em razão de ser a partir desse habitat que eles sustentam a fala."[328] Essa frase marcante, decifrando-a até o fim, sem nuances, é o equivalente final ou acabado do animal dotado de *logos*, com, para fazer as vezes do político ("mais político do que todos os outros animais", começava Aristóteles, justamente por que ele é dotado de *logos*), algo do "hábitat" heideggeriano. "Não há relação sexual" começa a se assemelhar a um velamento-desvelamento originário, buraco reitor[329] (se ouso dizer) e proliferação das aparências – sem que se imagine, aliás, como a escrita, fórmulas e matemas, poderia escapar ao dispositivo.

Ab-senso e sentido-gozado [joui-sens]

Recapitulemos.

O passageiro clandestino de toda a ontologia é o real radical. O *den* de Demócrito é a assinatura da operação discursiva sofístico-analítica no (ou como?) inconsciente da filosofia. Em

---

[328] LACAN. *D'un discours qui ne serait pas du semblant*, p. 148. [Ed. bras.: *De um discurso que não fosse semblante*, p. 139.]

[329] Barbara Cassin faz referência a Heidegger, que foi reitor da Universidade de Freiburg, e ao seu discurso de reitorado que marca, para muitos, a adesão do filósofo ao nazismo. (N. R.)

relação à própria linguagem ("O inconsciente não quer dizer nada, se não quiser dizer isto: que, diga eu o que disser e onde quer que me sustente, mesmo que me sustente bem, eu não sei o que digo... Mesmo que eu não saiba o que digo [...], digo que a causa disso só deve ser buscada na própria linguagem. O que eu acrescento a Freud..., o que acrescento é isto: que o inconsciente é estruturado como uma linguagem"[330]), o ab--senso tem a ver com o lugar mesmo da relação entre performance e significante, ou ainda: a relação entre performance e significante define a sofística lacaniana.

Se chegamos a pensar no Real, o real do princípio "não há relação sexual", sob o aspecto, tornado ilegível por Aristóteles, do passageiro clandestino, que é o *den*, talvez isso se torne efetivamente um pouco mais engraçado. Lacan faz Demócrito dizer: *"Nada, talvez? não – talvez nada, mas não nada"*;[331] eu gostaria de fazê-lo dizer: Não nada, mas menos que nada – ium, pois que hihanappât.[332] O ab-senso está ligado aos impasses da lógica (a relação sexual não se escreve) e à (o ser de) letra como puro jogo de palavras. Certamente, a ausência de relação sexual determina o ab-senso como prato único no cardápio do furo soprador. Não menos monótono, até mesmo mais monótono, que o sentido. Com a diferença de que essas aparições monótonas, lapsos, sintomas e interpretações, têm para elas não o serem verdadeiras, mesmo passadas para a escrita, mas, talvez, o serem engraçadas.

[330]LACAN. *D'un discours qui ne serait pas du semblant*, p. 44. [Ed. bras.: LACAN. *De um discurso que não fosse semblante*, p. 42.]

[331]Ele não disse *hen* para não falar do *on*, o que disse ele? – ele disse, respondendo à questão que era a nossa hoje, a do idealismo – *Nada, talvez? não – talvez nada, mas não nada* (LACAN. *Les Quatre concepts fondamentaux de la psychanalyse*, p. 61-62 [ed. bras.: LACAN. *Os quatro conceitos fundamentais da psicanálise*, p. 64]).

[332]HIHANAPPÂT. *Le Savoir du Psychanalyste*, 1 juin 1972. *Hihanappât* tem homofonia com *Il n'y en a pas* (Não há). (N.T.)

Para dizê-lo de maneira mais lacânica, trata-se de remeter o ab-senso ao [gozo], ou talvez ao sentido-gozado [*joui-sens*[333]]. "Sentido-gozado" [*Joui-sens*]? É um termo que Lacan inventa em "Televisão" – sendo que o que está em jogo é mais pesado que a simples alegria da abundância de *Mais, ainda*: "semi-sentido", "inde-sentido", "reti-sentido".[334] "Essas cadeias", diz ele falando a propósito do sintoma dos nós de significantes e de matéria significante, "essas cadeias não são de sentido, mas de gozo-sentido [*jouis-sens*], a ser escrito como vocês quiserem, em conformidade com o equívoco que constitui a lei do significante."[335] Goza-se do sentido: opostamente à tristeza, à falha [*faute*] moral, à covardia que é a psicose melancólica, compreendida como retorno no real desse rechaço do inconsciente que é a linguagem, existe a virtude do *gay sçavoir*. Isso de que se goza é, então, o deciframento: "não compreender, fisgar [*piquer*] no sentido, mas roçá-lo tão de perto quanto se possa, sem que ele sirva de cola para essa virtude [*o gay sçavoir*], para isso gozar com o deciframento",[336] e isso traz "felicidade" exatamente por toda parte. "O sujeito é feliz" quando é filólogo e hermeneuta... "Gouço-sentido"[337] [*j'ouïs-sens*]: o sujeito é feliz quando é, ante/ado,[338] na análise. Gozo-sentido [*Jouis-sens*], gouço-sentido [*j'ouïs-sens*]: é preciso confiar na singularidade do riso, homonímia e significante, para sustentar, sustentar

---

[333] *Joui-sens* é homófono de *jouissance* (gozo). (N.T.)

[334] LACAN. *Encore*, p. 79. [Ed. bras.: LACAN. *Mais, ainda*, p. 108.] [Quando *sens* se traduz por "senso" (em vez de sentido), o jogo de palavras de Lacan nessa passagem fica mais evidente: *mi-sens, indé-sens, réti-sens,* ou seja, semi-senso, inde-senso, reti-senso.]

[335] LACAN. Télévision, p. 517. [Ed. bras.: LACAN. Televisão, p. 516.]

[336] LACAN. Télévision, p. 526. [Ed. bras.: LACAN. Televisão, p. 525.]

[337] LACAN. *Le Sinthome*, p. 73. [Ed. bras.: LACAN. *O sinthoma*, p. 71.]

[338] No original: "*le sujet est heureux quand il est, ant/é, dans l'analyse*". Ant/é é uma referência a *analisant/analisé*. Recorreu-se, na tradução, aos sufixos correspondentes em português, "ante/ado" em referência a "analisante/analisado". (N.R.)

"ainda mais", que o analista e o sujeito que chega não caiam no colo do sentido que eles arrasam (seria isso incômodo?),[339] e que o ab-senso é a felicidade.

"Agora, o gozo do corpo, se não há relação sexual, teríamos que ver para que isso pode servir."[340]

Elas não sabem o que dizem

Gozo e verdade

É preciso marcar, firmemente, para começar, a relação entre gozo e verdade, no que consiste a limitação segunda da verdade.

A primeira limitação é que a verdade só pode ser semi-dita. Como *Mais, ainda* não cessa de enfatizar, ela é "não-toda", como a mulher.[341] É com essa qualidade/quantidade compartilhada que não cessamos de contar.

Mas há uma segunda limitação: "Outra coisa ainda nos amarra no que diz respeito à verdade, é que o gozo é um limite [...] O gozo não é interpelado, evocado, cercado ou elaborado senão a partir do semblante".[342] O gozo em sua relação com o semblante limita a verdade. Diante de uma proposição tão simples, cada um de nós corre o risco de compreendê-la fazendo apelo à sua experiência, e isso ainda mais quando não se está certo do sentido das palavras.

---

[339] No original: "[…] *il faut faire confiance à la singularité du rire, homonymie et signifiant, pour tenir, tenir 'encore' que l'analyste et le sujet qui vient ne rentrent pas dans le giron du sens qu'ils rasent (serait-ce rasant?)". Rasant* significa incômodo, chato; e um dos vários sentidos do verbo *raser* é arrasar, demolir. (N.R.)

[340] LACAN. *Encore*, p. 67. [Ed. bras.: LACAN. *Mais, ainda*, p. 97.]

[341] "[...] só há uma maneira de poder escrever a mulher sem ter que barrar o *a* – é no nível em que a mulher é a verdade. E é por isso que só podemos semi-dizê-la" (LACAN. *Encore*, p. 94 [ed. bras.: LACAN. *Mais, ainda*, p. 140-141]).

[342] LACAN. Télévision, p. 85. [Ed. bras.: LACAN. Televisão, p. 85.]

Quanto a mim, eu falei, como se a coisa fosse evidente, de "gozo discursivo". Esse epíteto se sobressai com evidência, a meu ver, da "experiência" do discurso sofístico assim como do discurso lacaniano. Lacan, por sua vez, fala de gozo ligado ao discurso ou/e de gozo ligado à linguagem, à fala e, mais singularmente, de gozo ligado à lalíngua ("lalíngua, na qual o gozo se deposita"[343]), mas, que eu saiba, ele não utiliza o adjetivo nem subjeta-objeta o substantivo "discurso" no genitivo.

A ideia que eu gostaria de sustentar é que gozo discursivo e gozo feminino estão ligados, deixam-se pensar a partir de um só traço em relação a, ou em comparação com, os outros gozos, particularmente em relação ao gozo por excelência, que é o gozo fálico. É muito logicamente uma causa ou um efeito, pouco importa, da posição da verdade como não-toda, não-toda como a mulher, e da relação entre gozo e verdade.

Os textos lacanianos me são tanto mais difíceis de ser articulados nessa matéria que, como de costume (e isso é fascinante no sentido estrito), acredito compreendê-los somente no instante impossível em que os tenho inteiramente todos juntos, fugidios e não publicados, no momento em que os rerereleio – *is a rose* quatro e não três vezes, segundo Gertrude Stein.[344] Mas isso se deve também a uma razão ainda mais violenta: "Não sei como proceder, por que não dizê-lo, com a verdade – assim como com a mulher. Eu disse que tanto uma quanto a outra, ao menos para o homem, era a mesma coisa".[345] De fato, não se pode não pensar que mudar o sujeito da enunciação nessa matéria, a partir do momento que se trata de outro e de Outro,

---

[343]LACAN. La Troisième, p. 23. [Ed. bras.: LACAN. A terceira, p. 24.]

[344]"Bastam dez anos para que o que eu escrevo se torne claro para todos" e "Restabeleço que o que bem se enuncia é concebido claramente – claramente quer dizer que isso achou seu caminho" (LACAN. Televisão, p. 542).

[345]LACAN. *Encore*, p. 108. [Ed. bras.: LACAN. *Mais, ainda*, p. 162.]

e que uma mulher se ponha a dizer *eu*, até "para o homem", não tem, sem dúvida, nada de inocente.

Pequeno inventário dos gozos

Gozo da vida. Gozo do gato. Gozo do pensamento. Gozo do ser. Gozo fálico. Gozo sexual. Gozo peniano. Gozo do corpo. Gozo do corpo da mulher. Gozo do Outro. Gozo do Outro do Outro. Gozo da mulher. Gozo dos místicos. Gozo de Deus. Gozo da linguagem. Gozo do significante. Gozo do blá-blá-blá. Gozo do deciframento. Gozo de lalíngua. E eu pulo, é claro, uns mais ou menos terminológicos.

De alguns, sabe-se que há: gozo fálico, sim. De outros, sabe-se que não há: gozo do Outro, gozo do Outro do Outro, não. De alguns, talvez sim, talvez não, depende.[346] Como articulá-los, contrastá-los, confundi-los, deduzi-los? Quando lhes dar lugar – em teoria, claro?

O mais simples de tratar, nível zero, em suma, é o gozo da vida, no qual ressoa a *fruitio* jurídica: ela se deve ao real, e nada se pode dizer dela. "Da vida, exceto esse termo vago que consiste em enunciar o '*gozar a vida*', incontestavelmente não sabemos mais nada [...]? Tudo isso a que a ciência nos induz, mostra que não há nada mais real do que isso, o que quer dizer: nada é mais impossível de imaginar."[347] O mais escorregadio, na outra ponta, é o gozo do Outro. Como se vê em "A terceira": "Esse gozo do Outro, cada um sabe a que ponto é impossível", cada um o pode ler, não sabendo em que posição confiar, visto que "ele não existe, não poderia existir, a não ser por intermédio da fala", a fala de amor, uma vez que, no entanto, ele é "fora-da-linguagem, fora-do-simbólico", de tal forma que só existe uma forma de preenchê-lo, "o campo

---

[346] Além de *Mais, ainda* e "Televisão", apoio-me particularmente em "A terceira" [1974] e *O sinthoma* (sobretudo o capítulo VIII).

[347] LACAN. La Troisième, p. 30. [Ed. bras.: LACAN. A terceira, p. 31-32.]

em que nasce a ciência".[348] Lendo o esquema bem equilibrado que se encontra no final de "A terceira", incessantemente retomado e alterado, tão claro que os termos funcionam para mim como puras "definições de palavras" ao modo de Leibniz, o gozo do Outro, o grande Outro que será preciso barrar, coloca-se na interseção do real e do imaginário; o gozo fálico, na interseção do real e do simbólico; o sentido (que gozo: o gozo-sentido?), na interseção do imaginário e do simbólico, e, bingo, o pequeno *a* "mais de gozar", na interseção dos três.[349] Ora, a mulher, "a" em minúscula sem itálico, diz Lacan muito cedo, "conduz ao mais-de-gozar, porque mergulha suas raízes, ela, a mulher, como a flor, no gozo mesmo".[350] Haveria, segundo Nestor Braunstein, três tipos de gozo: o gozo do ser da coisa (mítico), o gozo fálico (do significante, linguareiro), e um terceiro, suplementar, ao qual ele propõe reservar o nome de gozo do Outro (feminino, inefável). Tal é, ao menos, sua última "síntese", que ele qualifica de "concêntrica".[351] Mas ele moebiuza imediatamente os círculos – não sem forçar, diz ele – para evitar que a concepção lacaniana da feminilidade transforme "as mulheres em seres que não poderiam ex-sistir senão enquanto linguajeiras e ligadas à ordem e à lei do falo", de tal forma que "enquanto mulheres, não lhes restaria outro reduto a não ser esse lugar impensável da Coisa onde o silêncio se confunde com o grito, onde todas as significações desfalecem". Para as mulheres, portanto, se não prestarmos atenção,

---

[348]LACAN. La Troisième, p. 31-32. [Ed. bras.: LACAN. A terceira, p. 32-33.]

[349]LACAN. La Troisième, p. 29. [Ed. bras.: LACAN. A terceira, p. 30.] Ver, por exemplo, LACAN. *O sinthoma*, p. 70, mesmo esquema, aproximadamente, mas com a barra colocada no A.

[350]LACAN. *L'Envers de la psychanalyse*, p. 89. [Ed. bras.: LACAN. *O avesso da psicanálise*, p. 74.]

[351]BRAUNSTEIN, N. *La jouissance, un concept lacanien*. Toulouse: Érès, 2005, p. 143.

o gozo fálico como os homens e, propriamente, o silêncio das árvores e das ostras.[352]

Ele tem razão de desconfiar, pois é exatamente assim que *Mais, ainda* se deixa ler, visto do avião como se vê o traçado do rio Amor quando se sobrevoa a Sibéria de manhãzinha. Com os pingos nos *i* do esquema bífido e desdobrado do lado mulher[353]: a) o gozo fálico é a coisa mais bem partilhada do mundo, indiferente à diferença dos sexos; é o gozo peniano/o gozo clitoridiano (menor, que seja, porém mais bem irrigado, *isn'it*). Visto que o homem é um falasser e não um coelho, o gozo existe somente junto com o simbólico, que é a linguagem; é o gozo do (a) idiota, que não deixa de ser homem (mulher). Ele está ligado ao fato de que não há relação sexual, nem do lado homem nem do lado mulher. Ele é, aliás, frequentemente dito fora do corpo (o que não é sem discordância com o discurso corrente da experiência sensível), na medida em que pênis ou clitóris não são corpo nem estão no corpo, mas são excrecências. b) O "terceiro", o terceiro? Um outro gozo, para além do falo, próprio então às mulheres, sem equivalente no homem, e fora da linguagem. Sorte demais: uma mulher pode gozar de duas maneiras (Tirésias preferia ser uma mulher, isto é, gozar como um homem e como uma mulher), ela se desdobra, é a vantagem do não-toda. Somente o segundo modo, que Lacan teria encontrado, diz-se, *de*

---

[352]BRAUNSTEIN. *La jouissance, un concept lacanien*, p. 148.

[353] Ver o esquema na p. 73 de LACAN. *Encore*. [Ed. bras.: LACAN. *Mais, ainda*, p. 105.]

facto, em ao menos uma companheira, esse terceiro gozo, o do grande abalo e do desfalecimento, inteiramente corpo, portanto, torna-as mudas. Fora do simbólico, como o gozo do Outro barrado, com a confusão que espreita entre gozo outro e gozo do Outro (G). Despenca-se, então, com efeito, via Hadewijch de Antuérpia e os místicos ("há homens que lá estão tanto quanto as mulheres"[354]), do gozo da mulher ao gozo de Deus. Lacan "crê" nisso, diz ele: "Eu creio no gozo da mulher, na medida em que ele é a mais, com a condição de que esse *a mais*, vocês lhe coloquem uma tela antes que eu o tenha explicado bem". "E por que não interpretar uma face do Outro, a face Deus, como sustentada pelo gozo feminino?", de um Deus "que ainda não fez sua retirada".[355] Toda a astúcia e a precaução estão, evidentemente, no *a* que se pode a-unar e pluralizar, ou colocar em maiúsculas e barrar: "A maior necessidade da espécie humana é que haja um Outro do Outro. É aquele a quem chamamos geralmente de Deus, mas a análise o desvela como sendo pura e simplesmente *A* mulher".[356] A análise terá portanto tornado menos inocente o tomista que cochilava, em potência, em Aristóteles, e a época terá revelado que *A* mulher não é nem mais nem menos, muito pouco, portanto, que Deus de quem ela seria, se isso já não mudou, o último nome.

Ainda Helena

Eu gostaria de tentar uma outra leitura de *Mais, ainda*, rastrear-desarranjar o esquema, e pôr em jogo com o mesmo texto uma outra experiência do laço entre gozo feminino e linguagem.

---

[354]Essa citação e as seguintes são extraídas de LACAN. *Encore*, p. 70. [Ed. bras.: LACAN. *Mais, ainda*, p. 102.]

[355]LACAN. *Encore*, p. 78. [Ed. bras.: LACAN. *Mais, ainda*, p. 113.]

[356]LACAN. *Le Sinthome*, p. 128. [Ed. bras.: LACAN. *O sinthoma*, p. 124.]

Nós estávamos, então, com os sofistas e os psicanalistas, do mesmo lado da taxonomia do sentido. Eu teria podido dizer igualmente: com as plantas e com as mulheres, *homoios phutôi*, um discurso de planta.

"Não há *A* mulher pois [...] por sua essência, ela não é toda."[357] Se Helena pode servir aqui de emblema, é porque, justamente ela, que, por excelência, vale por todas (se houvesse *A* mulher, seria ela), é, por excelência, não-toda. E por razões que se devem à linguagem, segundo um motivo que acredito ser determinante do gozo como feminino.

A tese helênica

Górgias mostra o laço entre gozo feminino e linguagem, aquém e além de seu *Elogio de Helena*. Nós o abordamos por meio da encenação homérica da voz.[358] É ainda mais claro *a parte post*, pela encenação da relação entre coisa e palavra que constitui a intriga da *Helena*, de Eurípides, explicitamente ligada à "nova Helena" de Górgias. Na *Helena*, de Eurípides, o novo é que há, de fato, duas Helenas. Há uma verdadeira – enfim, não sei qual das duas deve-se dizer que é a verdadeira. Digamos que há uma Helena que é Helena, e que Hera, a esposa por excelência, para fazê-la escapar de Páris e da infidelidade, leva para o Egito, para a casa de Proteu, um velho rei que não pode mais lhe causar nenhum mal. Ali, Helena espera e faz sacrifícios, como perfeita esposa de marido que partiu para a guerra. E há uma segunda Helena que não é nada mais que *flatus vocis*, uma névoa de som, um *agalma* de nuvem, um *eidôlon*, um fantasma: o nome de Helena, "Helena". Essa Helena é aquela que Páris raptou, que navegou até Troia, que sobe as muralhas, aquela pela qual os gregos combatem

---

[357] LACAN. *Encore*, p. 68. [Ed. bras.: LACAN. *Mais, ainda*, p. 98.]

[358] Ver *supra*, p. 81 e seguintes. Remeto, para tudo o que segue, às análises de *Voir Hélène en toute femme, d'Homère à Lacan*.

e se matam.[359] É também aquela que Menelau retoma, com a qual ele encalha nas margens do Egito e que ele coloca ao abrigo em uma gruta.

Tem lugar, então, uma cena genial de desconhecimento-reconhecimento que não posso resistir a contar de modo trivial. Quando Menelau desembarca, ele vê uma mulher que se parece terrivelmente com Helena, e ele lhe diz, em sua estupefação, alguma coisa como: "Ah! Como você se chama?". Ela responde: "Helena". "Enfim, você não pode ser Helena, pois ela está aqui comigo, eu a deixei aqui ao lado, em uma gruta." Ela, por sua vez: "Como você se parece com Menelau!". Como ela compreende tudo, ela tenta lhe explicar que "o nome pode se encontrar em vários lugares, mas não o corpo". É quando então Menelau resiste com todas as suas forças com esta frase magnífica: "É a grandeza de meus sofrimentos lá que me persuade, e não você".[360] Ernst Bloch o repete fortemente para Menelau em *O princípio esperança*: eu creio nesses "dez anos utópicos, com a dor amarga e o amor-ódio do marido enganado, com todas essas noites passadas tão longe da pátria", e não em você, que eu vejo, não em você, que eu toco e que fala comigo, eu creio, mesmo que seja uma sombra, no que teve, para mim e

[359] Eis como Helena apresenta, ela mesma, as coisas em seu primeiro monólogo: "Hera, que censura Páris por não tê-la feito vencer as deusas, faz com que meu leito seja para ele somente vento, ela lhe dá não a mim, mas, semelhante a mim, um ídolo que respira, feita de pedaços de céu para o filho do rei Príamo. E ele acredita ter-me, aparência vazia, sem me ter. [...] Colocamo-nos sob a proteção do ímpeto dos Frígios, não eu, mas meu nome, prêmio da lança para os gregos" (v. 31 e seguintes) – que não deve ser lido na tradução Grégoire que a Belles Lettres propõe e que transforma, por exemplo, "Eu fui nomeada Helena" [*Je fus nommée Hélène*] em "Eu sou Helena" [*Je suis Hélène*] (v. 22).

[360] EURÍPIDES. *Helena*, v. 593, citado por BLOCH, E. *Le Principe Espérance*. Traduction de Françoise Wuilmart. Paris: Gallimard, 1976, I, p. 228; eu cito em seguida as p. 224-225. [Cf. BLOCH, E. *O princípio esperança*. Rio de Janeiro: Contraponto, 2005-2006, v. 1-3.]

todos os gregos, tanto efeito. Essa tragicomédia de Eurípides é a mais antiplatônica que existe, pois a palavra é mais real do que a coisa e o real na palavra é o efeito que ela faz.

Helena é "Helena" porque "Helena" é o nome do dizer enquanto eficaz. Helena é assim um objeto que diz muito sobre o objeto: que é um efeito, uma falha, um semblante. É esse tipo de constituição da objetividade que liga rigorosamente sofística e análise lacaniana.

Diríamos que *Mais, ainda* não trata senão de Helena, como objeto da falha do lado homem, e como sujeito da falha do lado mulher.

Se ele não trata senão de Helena, é por uma razão muito simples: Lacan passa, em geral e quanto à mulher, da anatomia ao discurso. O pão cotidiano não é mais feito de "algumas" consequências psíquicas da diferença anatômica entre os sexos",[361] mas de alguns efeitos da diferença dos discursos. Não mais: a anatomia é o destino, mas: diga-me como você fala.

Apesar disso, a lógica da falta não é destituída. Ela é, antes, generalizada, de tal forma que a falta não constitui nenhuma diferença pertinente entre homem e mulher. Mas o tropo da falta, sim.

A postura lacaniana é, como vimos, sofística, logológica: "Cada realidade se funda e se define por um discurso".[362] Dentre os discursos performantes, a psicanálise: "É nisso que importa que percebamos do que é feito o discurso analítico... Nele se fala de foder – verbo, em inglês, *to fuck* – e se diz que a coisa não vai". A falha "é a única forma de realização da relação sexual".

---

[361] Título do artigo de Freud (1925), em GUÉRINEAU, D. *La Vie Sexuelle*. Paris: PUF, 1973.

[362] Eu cito LACAN. *Encore*, p. 33 para as duas primeiras citações, e p. 54 e seguintes para as outras duas. [Ed. bras.: LACAN. *Mais, ainda*, p. 45, 79 e seguintes.]

"Não se trata de analisar como isso tem sucesso. Trata-se de distinguir, a mais não poder, por que isso falha."

Donde, por transitividade, a tese: "A realidade é abordada com os aparelhos do gozo. [...] aparelho, não há outro senão a linguagem. É assim que, no ser falante, o gozo é aparelhado".[363] Esse nó entre realidade – linguagem – gozo, eu proponho chamá-lo de *tese helênica*. Ela contrasta oportunamente com a tese ontológica de Heidegger lendo o *Poema,* de Parmênides, e afirmando o copertencimento do ser, do pensar e do dizer, com o homem enquanto pastor do Ser, traspassado pelo dizer.

Lado homem: Helena pequeno a

Ora, há duas maneiras de dizer que a coisa falha e, portanto, duas maneiras de falhar. Lacan as distingue como "de um lado" homem e "de outro" mulher: "Não há relação sexual porque o gozo do Outro, tomado como corpo, é sempre inadequado – perverso de um lado, na medida em que o Outro se reduz ao objeto *a* – e do outro, eu direi louco, enigmático".[364] Qual loucura, qual enigma?

Do lado homem – não se esquecerá que "a gente se alinha aí, em suma, por escolha – as mulheres estão livres de se colocarem aí se isso lhes agrada. Todo mundo sabe que há mulheres fálicas, e que a função fálica não impede os homens de serem homossexuais. Mas é ela também que lhes serve para se situarem como homens, e abordar a mulher". Do lado homem, portanto, isso falha por duas razões ligadas entre si: a função fálica e o objeto *a*. Isso falha quanto ao falo: "o gozo fálico é o obstáculo pelo qual o homem não chega a gozar do corpo da mulher, precisamente porque aquilo de que ele goza é o gozo do órgão". Ele ama "a" ela, mas ele não goza

---

[363]LACAN. *Encore*, p. 52. [Ed. bras.: LACAN. *Mais, ainda*, p. 75.]

[364]LACAN. *Encore*, p. 131, 67, 13. [Ed. bras.: LACAN. *Mais, ainda*, p. 197, 97, 15.]

"de" ela, mas dele – a anatomia se torna quase o seu destino. Ela, por seu lado, não é toda, não toda dele. Em todo caso, o prazer do órgão faz obstáculo ao gozo, porque não é isso: "não é isso – eis o grito por onde se distingue o gozo obtido do gozo esperado".[365]

Isso falha, por outro lado, quanto ao objeto do desejo: "na medida em que o objeto *a* faz em alguma parte – e com um ponto de partida, um só, o do macho – o papel do que vem em lugar do parceiro que falta, é que se constitui o que costumamos ver surgir também no lugar do real, isto é, a fantasia".[366] Para o macho, só há parceiro faltoso, relançado como causa do desejo.

Não é difícil colar ao *exemplum*. Helena funciona para o homem como um objeto *a*, causa do desejo; ela é *eidôlon*, enlaçada à fantasia. Podemos até mesmo bordar e refinar. Pois, para Helena, há duas maneiras de fazer amor, ou seja, de não fazê-lo, e elas são equivalentes à diferença amante-marido, Páris-Menelau.

> Para o homem, a menos que haja castração, quer dizer, alguma coisa que diga não à função fálica, não há nenhuma chance de que ele goze do corpo da mulher, ou, dito de outro modo, de que ele faça amor. É o resultado da experiência analítica. Isto não impede que ele possa desejar a mulher de todas as maneiras, mesmo quando essa condição não é realizada. Não só ele a deseja, mas lhe faz toda sorte de coisas que se parecem espantosamente com o amor;

o que o homem aborda "é a causa de seu desejo, que eu designei pelo objeto *a*. Aí está o ato de amor. Fazer amor, como o nome o indica, é poesia. Mas há um mundo entre a poesia e o ato. O ato de amor é a perversão polimorfa do macho, isto entre os

---

[365]LACAN. *Encore*, p. 101. [Ed. bras.: LACAN. *Mais, ainda*, p. 152.]
[366]LACAN. *Encore*, p. 58. [Ed. bras.: LACAN. *Mais, ainda*, p. 85-86.]

seres falantes".[367] Primeira maneira: a de Páris: Páris homosse-xualizado, bem feito de corpo e com belas vestimentas, "faz amor", ou seja, poetiza, poematiza, tendo *Peithô*, a persuasão do *logos*, como intermediário. Segunda maneira, forte: Menelau em todos os vasos persegue Helena, agarra-a, puxa-a, faz alguma coisa que se assemelha ao amor, espada baixa, bainha erguida. Silêncio ativo, ato siderado de perverso polimorfo.

Lado mulher: uma outra satisfação, a satisfação da fala

Do lado mulher, isso falha de maneira "louca, enigmáti-ca". O que isso quer dizer? Partamos da provocação: "Não há mulher senão excluída pela natureza das coisas que é a natureza das palavras, e temos mesmo que dizer que se há algo de que elas mesmas se lamentam bastante por hora é mesmo disto – simplesmente, elas não sabem o que dizem, é toda a diferença que há entre elas e eu". O que sabe Lacan que elas ainda não sabem? Ele sabe que a mulher é "não-toda": "*A* mulher, isto só se pode escrever barrando-se o *A*. Não há *A* mulher, artigo definido para designar o universal. Não há *A* mulher pois – já arrisquei o termo, e por que olharia eu para isso duas vezes? – por sua essência ela não é toda".[368]

Esse não-toda define a relação da mulher com a lingua-gem: "*Nossas colegas, as senhoras analistas, sobre a sexualidade femini-na, elas nos dizem... não tudo!* É absolutamente espantoso. Elas não fizeram avançar de um dedo a questão da sexualidade feminina. Deve haver uma razão interna para isto, ligada à estrutura do aparelho de gozo"[369] – aparelho que, não o esqueçamos, é e não é senão a linguagem. Segundo o princípio helênico, com efeito, a relação da mulher com o corpo, com a linguagem e com o gozo são codefinidas: "O ser sexuado dessas mulheres

---

[367]LACAN. *Encore*, p. 67-68. [Ed. bras.: LACAN. *Mais, ainda*, p. 97-98.]

[368]LACAN. *Encore*, p. 68. [Ed. bras.: LACAN. *Mais, ainda*, p. 98.]

[369]LACAN. *Encore*, p. 54. [Ed. bras.: LACAN. *Mais, ainda*, p. 79.]

não-todas não passa pelo corpo, mas pelo que resulta de uma exigência lógica na palavra".[370] Compacto, diz ele.

Temos aí a maneira como isso falha do lado mulher. "Do lado de Ⱥ mulher, é de outra coisa que não do objeto *a* que se trata naquilo que vem em suplência a essa relação sexual que não há"[371]: trata-se "de *uma outra satisfação*, a satisfação da fala".

Da mesma forma que acontece a Platão de dar a palavra a Protágoras pela boca de Sócrates da maneira mais protagórica que há (é o *"Elogio de Protágoras"* no *Teeteto*[372]), acontece a Lacan articular o discurso do gozo feminino da maneira mais femininamente gozosa que há. Mas, em Platão como em Lacan, é difícil decidir em que a passagem pela boca de Outro deforma.

O *Tratado do não-ser* do gozo feminino

É fácil, por outro lado, isolar em *Mais, ainda* o que constitui o Tratado do não-ser do gozo feminino, ou Tratado do não-gozo feminino.

Como o ser no *Tratado do não-ser*, de Górgias, o gozo feminino é abordado segundo uma estrutura lógica muito precisa, que Freud já nomeia "sofisma". Sabe-se que "A tomou emprestado de B um caldeirão de cobre; quando ele o devolve, B se queixa de que o caldeirão tem um grande furo que o torna inutilizável. Eis a defesa de A: '*Primo*, eu nunca tomei emprestado o caldeirão de B; *secundo*, o caldeirão tinha um furo quando o tomei emprestado de B; finalmente, eu devolvi o caldeirão intacto'".[373] Essa estrutura de recuo é constitutiva do *Tratado do não-ser*, de Górgias, em que o sofista demonstra sucessivamente três teses: 1. "Nada é". 2. "Mesmo que seja, é

---

[370]LACAN. *Encore*, p. 15. [Ed. bras.: LACAN. *Mais, ainda*, p. 19.]

[371]LACAN. *Encore*, p. 59, 61. [Ed. bras.: LACAN. *Mais, ainda*, p. 86, 87.]

[372]Ver *supra*, p. 99.

[373]FREUD. *Le Mot d'esprit et ses rapports avec l'inconscient*, p. 99. [Ed. bras.: *O chiste e sua relação com o inconsciente (1905)*, p. 91.]

incognoscível". 3. "Mesmo que seja e que seja cognoscível, não se pode mostrá-lo a outrem".[374]

Eis o novo tratado:

Primeira tese: Nada é = Ela não goza

Essa tese se decompõe ela mesma segundo a mesma estrutura:

a) "Não há outro gozo senão o gozo fálico".

b) E se houvesse um outro gozo, mas não há outro, "se houvesse um outro gozo além do gozo fálico, não deveria ser aquele".

Se houvesse outro, mas não há outro gozo que não o fálico – salvo aquele sobre o qual a mulher não solta nem uma palavra, talvez porque não o conhece, aquele que a faz não-toda. É falso que haja outro, o que não impede que o resto da frase seja verdadeiro, isto é, que não deveria ser aquele.[375]

A segunda tese está implicada na espiral da primeira: "não há outro, salvo", de maneira que a exceção seja rejeitada, recalcada, em virtude da velha estratégia denegacionista da implicação material estoica (*ex falso sequitur quodlibet*): é falso que haja um outro, mas é verdade que não seria aquele.

O ser não é em Górgias por duas razões complementares: porque ele não existe como verbo (ele não "é"), e porque ele não tem nenhum predicado possível (ele não é tal). Da mesma forma, o gozo feminino não é, e se ele é, ele não é tal – a saber, feminino. Existem, para isso, duas razões complementares muito robustas.

De fato, "o universo, ele está ali onde, por ser dito, tudo tem sucesso [...] tem sucesso em fazer falhar a relação

---

[374] GÓRGIAS. *Sobre Melisso, Xenófanes e Górgias*, 979a 12s., ver 82 B 3 DK. Eu traduzi e comentei esse texto em *L'Effet sofistique*. Paris: Gallimard, 1995. [Cf. CASSIN. *O efeito sofístico*.]

[375] LACAN. *Encore*, p. 56. [Ed. bras.: LACAN. *Mais, ainda*, p. 83-84.]

sexual da maneira do macho".[376] Por quê? Porque "é isso que eu digo quando digo que o inconsciente é estruturado como uma linguagem".

Ou por causa, e isso dá no mesmo, da relação entre dizer e gozo: do gozo se pode simplesmente dizer que não é isso. "A gente recalca, o tal gozo, porque não convém que ele seja dito, e isso justamente pela razão de que o dizer não pode ser senão isto – como gozo, ele não convém."[377] O recalque significa que

> o gozo não convém – *non decet* – à relação sexual. Pelo fato de ele falar, o tal gozo, ela, a relação sexual, não há. É mesmo por isso que ele faz melhor em se calar, com o resultado de que isso torna a ausência mesma da relação sexual um pouco mais pesada ainda. E é mesmo por isso que, no fim das contas, ele não se cala, e que o primeiro efeito do recalque é que ele fala de outra coisa. É nisto que está a mola da metáfora.

"Ele": é verdadeiro para o gozo, mas é ainda mais verdadeiro para o gozo que não conviria, o gozo feminino. O gozo faz falhar a relação porque ele fala – seja bela e cale-se, o silêncio é o *kosmos* das mulheres, o mundo delas, dizia Hesíodo. Então, a mulher, para não fazer falhar a relação, ela fala de outra coisa: o recalque produz a metáfora; ou pior, ela não fala de nada, ela fala por falar. Como isso é enrolado na linguagem: é indecente que seu gozo fale, e insuportável que ele não fale.

"Não há mulher senão excluída pela natureza das coisas, que é a natureza das palavras." Nada de espantoso no fato de que, do lado mulher, isso falha "de maneira louca, enigmática": isso falha porque toda a realidade, todo o universo é uma flor de retórica macho, blá-blá do ser, e isso falha

---

[376] LACAN. *Encore*, p. 53. [Ed. bras.: LACAN. *Mais, ainda*, p. 77.]

[377] LACAN. *Encore*, p. 57, para todo o parágrafo. [Ed. bras.: LACAN. *Mais, ainda*, p. 83.]

simultaneamente porque o gozo, enquanto por essência ele não convém, é feminino.

Segunda tese: Se é, é incognoscível =
Se ela goza, ela nada sabe disso

A estrutura do recuo permite partir novamente da negação da tese precedente.

Admitamos que ela goze: "Se ela está excluída pela natureza das coisas, é justamente pelo fato de que, por ser não-toda, ela tem, em relação a isso que a função fálica designa como gozo, um gozo suplementar". ("Vocês notarão", acrescenta Lacan, "que eu disse *suplementar*. Se eu tivesse dito *complementar*, onde é que estaríamos! Recairíamos no todo"[378]). Supõe-se, portanto, que "há um gozo [...] *para além do falo*" – mas a hipótese não consegue evitar a *joke*, "é para o próximo número da coleção Galilée – *para além do falo*. Seria engraçadinho isso. E daria uma outra consistência ao MLF.[379] Um gozo para além do falo".

Seja a nova tese: *se ela goza, então ela não nada sabe disso.* "Há um gozo dela, desse *ela* que não existe e não significa nada. Há um gozo dela do qual talvez ela mesma não saiba nada, a não ser que ela o experimenta – isso ela sabe. Ela sabe disso, certamente, quando isso acontece. Isso não acontece com todas elas."

Tese lânguida, quase fraterna: do qual "talvez" ela mesma não saiba nada, "a não ser que ela o experimenta". Isso já é alguma coisa para um saber, saber que se experimenta alguma

---

[378] LACAN. *Encore*, p. 68, 69. [Ed. bras.: *Mais, ainda*, p. 99, 100.]

[379] MLF: Mouvement de Libération des Femmes. Movimento feminista francês que teve sua origem no final da década de 1960. O primeiro *slogan* do MLF, "nosso corpo nos pertence", sinalizava que era preciso dar à mulher um lugar de sujeito, e não de objeto. Questões como o aborto, a paridade em questões políticas, etc., defendidas pelo MLF, contribuíram significativamente com o amadurecimento da democracia francesa.

coisa, sobretudo em matéria de corpo, é um saber bem mais sabido por ser experimentado.

O decisivo está alhures. Não apenas ela é não-toda, o que acabamos de acomodar como gozo suplementar, mas ela não é "não-todas", no plural. "Isso não acontece com todas elas." Selvagem partição aparentemente "real" entre as sortudas e as outras?

> Eu não gostaria de chegar a tratar da pretensa frigidez, mas é preciso fazer a parte da moda no que concerne às relações entre os homens e as mulheres. É muito importante. É claro que tudo isso, no discurso, ai de nós!, tanto de Freud como no amor cortês, está coberto por pequenas considerações que exerceram suas devastações. Pequenas considerações sobre o gozo clitoridiano e sobre o gozo que chamam como podem, o outro justamente, aquele que estou a ponto de fazer vocês abordarem pela via lógica, porque até nova ordem, não há outra.

Deneguem, deixem a moda pegar. Mas as mulheres se restabelecem menos bem dessa estranha repartição que, por sua vez, não é ainda analisada como lógica, ou, antes, cujo enunciado, por Jacques Lacan, ainda não é analisado em *Mais, ainda*.

Terceira tese: Se é e se é cognoscível, é incomunicável = Se ela goza e se ela o sabe, ela não pode dizê-lo.

> O que dá alguma chance ao que afirmo, isto é, que, desse gozo, a mulher nada sabe, é que há tempos que lhes suplicamos, que lhes suplicamos de joelhos – eu falava da última vez das psicanalistas mulheres – que tentem nos dizer, pois bem, nem uma palavra! Jamais conseguimos tirar nada daí. Então a gente o chama como pode, esse gozo, *vaginal*, fala-se do polo posterior do bico do útero e·outras babaquices, é o caso de dizer. Se simplesmente ela o experimentasse e nada soubesse do que experimentava, isso permitiria lançar muitas dúvidas sobre a famosa frigidez.

Admitamos, para pacificar, que o que não lhes acontece a todas é sabê-lo. A terceira tese é que, se elas o sabem, e elas são até mesmo pagas para sabê-lo, as analistas, elas não sabem dizê-lo, comunicar isso a outrem.

Visto que no final de tudo as mulheres não "dizem", compreende-se então, em boa logologia, que o universo seja uma flor de retórica de macho. "A realidade é abordada com os aparelhos do gozo [...] não há outro aparelho a não ser a linguagem. É assim que, no ser falante, o gozo é aparelhado": Se A/uma mulher não diz mas metaforiza, tagarela e se cala, compreende-se que no que lhe diz respeito a tese helênica, se ouso dizer, morde o próprio rabo.

O homem falha e goza como filósofo, a mulher falha e goza como sofista

Arriscaremos, claramente, o seguinte comentário: do lado macho, o falhar e o gozo estão ligados ao objeto, do lado fêmea, o falhar e o gozo estão ligados à palavra. Lado homem: "O pensamento é gozo. O que o discurso analítico traz é isto, que já estava esboçado na filosofia do ser – há gozo do ser".[380] Do lado mulher, acabamos de dizê-lo: "Uma outra satisfação: a satisfação da palavra". O homem falha e goza como filósofo, a mulher falha e goza como sofista.

Mais lacanicamente, Helena é o objeto *a*, causa do falhar do lado macho, Sócrates é o sujeito suposto saber, causa do falhar do lado fêmea. Evidentemente, o homem é o mestre, é a "besteira do discurso do *m'être*".[381]

Dito isso, o homem é menos bobo quando é lacaniano, uma vez que ele sabe que o ser ao qual ele se endereça é um

---

[380]LACAN. *Encore*, p. 66. [Ed. bras.: LACAN. *Mais, ainda*, p. 96.]

[381]Lacan joga aqui com a homofonia entre "discurso do mestre" e "discurso *m'être*" (*me ser*), no momento em que diz que o discurso filosófico é uma variante do discurso do mestre, aquele em que o ser está colocado numa posição de comando. Cf. LACAN. *Mais, ainda*, p. 55. (N.T.)

semblante de ser: "O gozo só se interpela, só se evoca, só se rastreia, só se elabora a partir de um semblante. Mesmo o amor [...] se dirige ao semblante. E, se é verdadeiro que o Outro só se atinge agarrando-se, como disse da última vez, ao *a*, causa do desejo, é também do mesmo modo ao semblante de ser que ele se dirige. Esse ser-aí não é um nada. Ele é suposto a esse objeto que é o *a*".[382] Ele entende de Helena, de *a*, é Górgias, é Eurípides, é Nietzsche ("Só há uma maneira de poder escrever *a* mulher, sem ter que barrar o *a* – é no nível em que a mulher é a verdade. E é por isso que só podemos semi-dizê-la"[383]). O homem é menos bobo, o filósofo é menos mestre, quando é moderado pela análise ou pela sofística. Ele vê Helena em toda mulher, "repete, a não poder mais, que isso falha",[384] o faz "porque falar de amor é, em si mesmo, um gozo".

O amor, diz ela, amo que me o digam e que me o façam. Quanto ao gozo, sabemos desde o começo, "o gozo é o que não serve para nada [...] Nada força ninguém a gozar – senão o supereu. O supereu é o imperativo do gozo – *Goza*!".

Uma mulher e lalíngua: a verdade, minha incomível parceira

No lugar da saída **Ⱥ** mulher e Deus arriscada há pouco, ficamos, agora, com lalíngua, não à toa dita materna, e é para esse lado que encontraremos uma saída mais de bom grado. Com Jacques, o Sofista e a parte mulher dele mesmo. Dizemos, portanto, que não há relação sexual no ser falante; a relação sexual é a palavra.[385] Presença do sofista, mas em nossa época, o inconsciente, é que o ser, falando, goze.[386] O significante é a

---

[382]LACAN. *Encore*, p. 85. [Ed. bras.: LACAN. *Mais, ainda*, p. 124.]

[383]LACAN. *Encore*, p. 94. [Ed. bras.: LACAN. *Mais, ainda*, p. 140-141.]

[384]LACAN. *Encore*, p. 55, 77, 10, para as três citações seguintes, respectivamente. [Ed. bras.: LACAN. *Mais, ainda*, p. 79, 112, 11.]

[385]LACAN. *D'un discours qui ne serait pas du semblant*, p. 65, 83. [Ed. bras.: LACAN. *De um discurso que não fosse semblante*, p. 65, 83.]

[386]LACAN. *Encore*, p. 95. [Ed. bras.: LACAN. *Mais, ainda*, p. 143.]

causa do gozo,[387] o significante onde se escreve o equívoco, em uma lalíngua que é a sua integral singular.[388] O inconsciente é um saber-fazer com lalíngua.[389] Mas lalíngua, onde o gozo se deposita, apresenta-se como madeira morta.[390] Não é porque o inconsciente é estruturado como uma linguagem que lalíngua não tenha de jogar [*jouer*] contra seu gozar [*jouir*], pois ela se constituiu a partir desse próprio gozar.[391] É por isso que a única coisa interessante é o que se passa na performance, a saber, a produção do mais-de-gozar.[392] "A verdade, minha incomível parceira"[393]: se é uma mulher que fala, ela o ouvirá então como vindo de outra mulher, da qual se diz que ela não é comível.

O psicanalista, Lacan em particular, é a presença do sofista em nossa época. Ele não fode nem procura foder a verdade, incomível de toda maneira. Sofista, trata-se aí, com ele e segundo ele, de um discurso que age mais do que exprime, e não por persuasão, mas por performance; um *logos-pharmakon* com efeito sobre o outro e efeito-mundo; pelas mesmas estipulações antiaristotélicas: performance- enunciação e homonímia-significante. Mas elas se tornaram em nossa época, ou seja, com o inconsciente como furo soprador, ab-aristotélicas, de tal forma que elas retornam na decisão do sentido para afundamentá-lo inteiramente. O que tomo aqui como avanço, precisamente: o fora-do-sentido do sofista aristotélico se torna ab-senso, graças à transformação do sentido em não-sentido, freudismo hiperaristotélico, em não-sentido no sentido, lacanismo que

---

[387]LACAN. *Encore*, p. 27. [Ed. bras.: LACAN. *Mais, ainda*, p. 36.]

[388]LACAN. L'Étourdit, p. 47. [Ed. bras.: LACAN. O aturdito, p. 492.]

[389]LACAN. *Encore*, p. 127. [Ed. bras.: LACAN. *Mais, ainda*, p. 190.]

[390]LACAN. La Troisième, p. 22. [Ed. bras.: LACAN. A terceira, p. 24.]

[391]LACAN. La Troisième, p. 22. [Ed. bras.: LACAN. A terceira, p. 21.]

[392]LACAN. *D'un discours qui ne serait pas du semblant*, p. 48. [Ed. bras.: LACAN. *De um discurso que não fosse semblante*, p. 46.]

[393]LACAN. *D'un discours qui ne serait pas du semblant*, p. 147. [Ed. bras.: LACAN. *De um discurso que não fosse semblante*, p. 137.]

faz tremer verdadeiramente o mundo do homem até a raiz. O fora-do-sentido retorna assim ao seio mesmo do sentido graças à sofística moderna de Lacan que perfura o furo soprador na órbita do sentido. O sofista expulso como planta retorna como psicanalista lacaniano para diagnosticar a babaquice de Aristóteles e afundamentar o sentido. Operadores minuciosos o ajudam nisso, fabricados por Lacan para manifestar o novo princípio (que não há relação sexual, diz ele), sob o nome de *den* e de gozo feminino, como quintessências de nada mais fugidias que o objeto *a*, ligadas ao significante do significante e ao que não há se houvesse. A mudança de época se assinala sem surpresa, mas, com vigor, pela presença pesada do sujeito, por mais barrado que ele seja, no lugar do político, por mais que sempre a se constituir e por mais fantasmático que ele seja. Lacan fica sem reação entre o amor do matema com bafo de filosofia e a efetividade, ao menos tão alegre quanto angustiante, de um blá-blá-blá de falasser — que, e não apenas enquanto mulher, eu escolho.

Epílogo

Afogamento de um peixe

Em certo momento de minha vida, fui educadora de adolescentes psicóticos no hospital-dia Etienne Marcel, na Rua Etienne-Marcel, em Paris. Substituta e depois efetiva. Eu preparava ao mesmo tempo uma tese (de 3ᵉ cycle, como se dizia: Se Parmênides). *Era meu primeiro trabalho. Gostei desse trabalho sem restrições. Inclusive da rigidez ou da imponência um pouco artificial das reuniões no subsolo com os verdadeiros cuidadores, os analistas de profissão, os psiquiatras, os pedagogos competentes. Eu tinha tudo a aprender, sobre tudo, e tinha a impressão de aprender. Se tivesse permanecido lá, eu teria, então, evidentemente, feito uma análise. Mas, sem análise, era maravilhoso, maravilha, porque eu não cessava de adivinhar e de não saber, sem constrangimento e sem medo, com a muito indubitável e muito constante impressão de envelhecer dois segundos por segundo. Essa era a minha única certeza, durante todo o dia. No fio da navalha, mas sem jamais sentir que era cortante, ao contrário; quando o sustentamos, quando aí nos sustentamos, o fio é muito mais largo do que se acredita, como um trampolim, sem dúvida porque ali não se está só, mas se é ao menos dois. De tal forma que tudo é possível ainda; mesmo depois que nada acontece, algo acontece. Ou outra coisa, alguma coisa de um outro, e a vida nos emociona profundamente, tão ternamente quanto um lírio do campo.*

Ἡ δ'ἀλήθεια, καὶ τοῦτο τοῖς ἄλλοις ἔοικε
συγκεκροτῆσθαι· ἡ γὰρ θεία τοῦ ὄντος φορὰ
ἔοικε προσειρῆσθαι τούτῳ τῷ ῥήματι, τῇ ἀληθείᾳ,
ὡς θεία οὖσα ἄλη.

A alêtheia, a verdade, diríamos que é também um composto;
diríamos que é o movimento divino do ser
que é designado por esta palavra, a "verdade":
uma divina corrida, theia alê.
PLATÃO. CRÁTILO, 421 B

Distinguir a dimensão do significante só ganha relevo ao se colocar que
o que vocês entendem, no sentido auditivo do termo, não tem nenhuma
relação com o que isso significa. Está aí um ato que só se institui por um
discurso, o discurso científico. Isso não é evidente. Isso é mesmo tão pouco
evidente que todo um discurso, que não é de má pena pois que é o Crátilo,
do chamado Platão, é feito no esforço de mostrar que bem deve haver aí
uma relação, e que o significante quer dizer, em si mesmo, alguma coisa.
Essa tentativa, que podemos dizer, de onde estamos, desesperada, está
marcada pelo fracasso, pois, de um outro discurso,
do discurso científico, de sua instauração mesma, e de uma maneira pela
qual não há que se procurar a história, vem o seguinte: que o significante só
se coloca como não tendo nenhuma relação com o significado.
JACQUES LACAN. *Mais, ainda*, p. 31–32

A linguagem é apenas aquilo que o discurso científico elabora para dar
conta do que chamo lalíngua. Lalíngua serve para coisas inteiramente
diferentes da comunicação. É o que a experiência do inconsciente nos
mostrou, na medida em que ele é feito de lalíngua, essa lalíngua que vocês
sabem que eu a escrevo numa só palavra, para designar o que é a ocupação
de cada um de nós, lalíngua dita materna, e não por nada dita assim. [...]
O inconsciente é um saber, um saber-fazer com lalíngua. E o que se sabe
fazer com lalíngua ultrapassa em muito aquilo de que podemos dar conta a
título de linguagem.
JACQUES LACAN. *Mais, ainda*, p. 126

Ela estava acampando com os loucos.

Na véspera, à noite, com uma entomologista, elas tinham feito coelho para 40 pessoas, mas, de manhazinha, bolhas amareladas haviam se formado, bacia Titicaca,[394] e foi preciso jogar tudo fora.

Eles eram 10 a partir com conservas, sardinhas, *cassoulet*, abacaxis, leite condensado, para instalar um subacampamento perto do lago. Era o verão mais quente desde 1904, o ar crepitava, a floresta fumegava, o lago cuspia bruma, um pouco malcheiroso, bom para hipopótamos e colchões infláveis. Afinal de contas, havia um homem, autêntico professor de ginástica, magro e deslizante apesar do calor, para vigiar as crianças com ela.

Não só ela nunca tivera filhos, jovem demais para isso, mas era do tipo que não suportava os filhos dos outros, nenhuma criança, portanto. Era seu primeiro trabalho remunerado, encontrado por acaso, ou seja, graças a um namorado, porque seus estudos de filosofia não levavam verdadeiramente a lugar nenhum. Exceto ali, ao hospital. Um hospital-dia para adolescentes psicóticos, onde ela compartilhava, como podia, o que sabia e o que não sabia. Sem armas, sem proteção, sem rede. Lendo, por exemplo, o *Crátilo*, de Platão, em pleno quintal, num prédio cercado de putas, para fazer essas curiosas crianças perceberem, somente pela escrita do grego no quadro negro, as formas sensivelmente estranhas das letras, os brancos entre elas, espíritos, acentos torções, todas elas coisas boas a serem sonorizadas, que uma língua lhes era ainda mais desconhecida que a delas. Disso ressaltava, com o afeto lógico mais implacavelmente caloroso, que elas tinham, pensassem o que pensassem, uma língua materna. Em todo caso, mais materna

---

[394]Titicaca: lago andino situado na fronteira entre Peru e Bolívia. Aqui, a palavra "titicaca" tem ressonâncias com as expressões francesas *pipi* (xixi) e *caca* (cocô). (N.T.)

que as outras. Todos sabemos, não sabemos?, que no *Crátilo* Sócrates inventa etimologias bizarras, hipersignificantes e gloriosamente contraditórias, para uma única e mesma palavra, ele abusa da onomatopeia com a desenvoltura de um golfinho e a violência de um torpedo. Isso os fazia rir, eles adquiriam audácia, liberdade de som e de sentido com essa maldita materna que os havia tornado mudos, para propor todos juntos, com jubilação, a etimologia de *con-cierge*.[395] Ríamos todos juntos com os meios de que dispúnhamos, viscerais, bizarros, que faziam certamente envelhecer dois segundos por segundo. Despreparo, impropriedade, que, respondendo ao inadaptado pelo inadaptado, ousava fazer instituição, como os tambores, os pífanos, os soldados de infantaria, massacrados para ganhar as guerras. Que esnobismo no escotismo, que escotismo no esnobismo, no amor à arte e na exploração.

No início do verão, o hospital partia para os campos, em acampamento. Acontecia, e era mesmo costume, que os - antes propusessem acasalamentos, barraca por barraca, secretos ou públicos. Quanto aos -ados, não sabíamos muitas coisas, supúnhamos que não, supúnhamos que, se sim, algo melhor apareceria.

Um subacampamento malpago com loucos. Meninos loucos, meninas loucas, enfim, capitã, psicóticos, vocês sabem, talvez, o que essa palavra quer dizer. De *psukhê*, a alma, e *tico*, como *cahotique*, caótico,[396] sinalizando a monotonia na

---

[395] *Concierge* é equivalente a zelador, no Brasil. No entanto, quando separamos a palavra, obtemos: *con* (gíria que designa o órgão sexual feminino, e também "idiota", "estúpido", etc.) e *cierge* (gíria que designa o órgão sexual masculino, além de "círio", "tocha", "vela"; policial em uniforme de gala). (N.T.)

[396] No original: *cahotique* e *chaotique*. Essas expressões são homófonas, ou seja, têm a mesma pronúncia, mas não o mesmo sentido. A palavra *cahot* pode ser traduzida por "solavanco", "trepidação", "sobressalto", etc. Num sentido figurado, a expressão indica dificuldade, obstáculo,

inventividade da infelicidade. Percebemos isso somente na hora no jantar, distribuindo as rações, porque havia o número de pratos e o último permanecia cheio. Mas, à tarde, eu havia passado um sabão em todo mundo porque um colchão boiava no meio do lago.

Nós o encontrávamos no canto das paredes, pensávamos que fôssemos bater contra a parede, prensados contra a parede, como a parede, como o ângulo da parede. Ele parecia estar sempre se chocando contra um prolongamento translúcido de parede. Abria a boca de forma oval, com um pequeno movimento de pescoço como uma tartaruga, no intervalo de segundos, na maior calma, como Anna Karina em *Pierrot le fou*, menos a mão para tapar a boca, sem representação. Ele devia ser belo, alto, louro, musculoso, penugens no queixo e nas faces, uma sombra de bigode – um amado grego, se não fosse esbranquiçado, desmaterializado, com partes opacas e partes transparentes, refletindo e absorvendo a luz, como aqueles da lua ou dos peixes cegos do mar profundo. Ele não falava. Quando falava, dizia algo sensato, mas não falava. Contentava-se em abrir um pouco mais a boca, e quando não estávamos prestando atenção, acreditávamos ouvi-lo. Ninguém falava com ele. Ninguém o conhecia. Não estou mais certa de seu nome. Conhecíamos apenas seus cantos, as paredes onde encontrá-lo. Aconteceu-me de trazê-lo pelas mãos para o centro de um cômodo, de me endereçar a ele olhando-o, de rir para ele, e talvez seus olhos tivessem mudado e ele começasse a ter olhos. Eu gostava de fazer isso porque, ao tocá-lo, constatava-se que era belo, ou seja, antitípico, mas o ectoplasma retornava como um creme glacê zombeteiro sobre bolo celofane. Acredito que ele nunca tenha se visto, ele vivia nas profundezas a que havia

aquilo que não deu certo. Em se tratando de uma pessoa, o termo se refere a uma desigualdade ou instabilidade de comportamento. (N.T.)

chegado, imagino, quando seu pai morreu e seu irmão mais velho tomou o lugar do pai na cama permeável de sua mãe. Então, de parede em parede, ele havia se institucionalizado peixe pouco frequentemente pescado.

Naquele dia estávamos todos alucinantes e alucinados, cansados da chegada e pelas acomodações.

O piromaníaco havia imediatamente escondido seus palitos de fósforo entre as madeiras. Era um piromaníaco emoldurado. Piromaníaco era, na verdade, sua segunda profissão, um *hobby*. Sua primeira era emoldurado ambulante, James, emoldurando a sua cabeça no interior de seus braços, o esquerdo em ângulo reto para baixo e o direito em ângulo reto para cima; um lado sempre ficaria faltando pela ausência de um terceiro braço. Mas, assim transformado em imagem de televisão, ele emitia algumas palavras de inglês desconhecido, interrompido por ruídos de rádios antigos. Na família autorizada que o acolhera, e onde se comiam batatas muito gentilmente, ele espalhara que seu pai era uma vedete americana. Assim emoldurado, acontecia-lhe de liberar as mãos para pôr fogo, ou fingir pôr fogo, e, na tórrida vegetação rasteira, eu me deparava sem parar com montinhos de folhas e galhinhos à espera.

O mais preocupante, contudo, para nós professores monitores guardiões empregados pau para toda obra deportados desertores, o mais preocupante para nós é que há meninos e meninas, vejam vocês, que não são, no entanto, do mesmo sexo. Mistos são os loucos, e nessa mistura eles são como nós normais, atentos românticos coléricos, eles desejam e excluem. Todo esse grupo que sabe tanto ser terno, centelha no céu aberto de seus 14–17 anos, empoeirado e quente como a lama nas bordas do lago. Essa mistura ao ar livre, carne muito menos terna e latente do que em uma praia, nos fazia dizer que eles iam bem, que o subacampamento era um sucesso, que podíamos nos organizar como nas colônias de férias, capitã. Quanto a mim, eu via ali somente o fogo que ainda não pegara, o fogo do maníaco, e eram os sarcasmos do seu chiclete que eu vigiava. "Pois bem, você relaxou sua vigilância?", disse-me a diretora na noite anterior, ela chegara expressamente de Paris mas já estava de camisola em sua gordura firme de cantora católica, Madame de Grand Air, em *Bécassine*.[397] Você compreende, capitã, que é impossível, com ou sem competência, vigiar, à beira de um lago, uma dúzia de psicóticos 24 horas por dia. E que ninguém me perguntou se eu sabia nadar nem me explicou como fazer para ajudar um peixe.

Procuramos nos bosques. Choveu. Depois de dois dias de buscas, seu corpo foi encontrado na lama do lago. Sua mãe e seu irmão vieram identificá-lo. Ela estava aliviada com o fato de que tudo tivesse terminado, e nós os ajudamos a se dar conta disso para que não houvesse processo. O cadáver estava terrivelmente tenso quando do reconhecimento do corpo, e eu acreditei compreender que vocês mesmos o teriam achado belo.

Mas devo acrescentar ainda um fato.

No trem de volta, como um sonho recompensa outro, novamente outra coisa aconteceu. Estávamos mais cansados, cada um mais cansado que o outro, se isso é possível. Eu caía de sono. Numa cacofonia de regime permanente de cantina na hora da sobremesa. Eu caía num sono de babar, entrecortado com cocos caindo na cabeça. Uma criança, sempre a mesma, me puxava pelo colarinho e pela manga para me acordar. Uma vez, dez vezes, eternamente. Essa criança proferia sons de caixinha de música quebrada, uma sequência de ruídos cuidadosamente articulados, e com tanta rapidez que nunca ninguém tinha podido reconhecer ali a menor palavra. Não

---

[397] Bécassine e Madame de Grand Air são personagens de uma história em quadrinhos criada por Émile-Joseph-Porphyre Pinchon, em 1905. (N.T.)

havia compartilhamento de língua, de olhares, de olhares chocados. Pela décima vez, ela me tirava do sono para fazer burburinhos diante de meu rosto. De repente fiquei brava, acordada interiormente, endireitei-me no assento, passei as mãos nos cabelos e disse-lhe, finalmente, com a maior clareza, como acontece de dizermos "eu te amo" logo antes de fazer amor: "Ouça-me bem. Você está vendo que não aguento mais, estou morrendo de sono. Mas você vem me acordar mais uma vez. Pois bem, aceito acordar uma vez mais. Acordo porque você me acorda. Mas, então, atenção, estou te ouvindo. Você, por sua vez, em troca, você deve dizer alguma coisa".

Ela mal se sustentava em pé nos corredores entre os assentos, oscilando entre os solavancos. Ela pestanejava como se estivesse em choque. Ela tinha nas mãos o horário dos trens que pegara na estação. Ela o levantou aberto na altura de seus olhos e leu solenemente: "Poitiers 9h02 com suplemento, chegada a Paris 12h15. Nemours...". Foi com essas palavras que ela começou a falar para sempre. Disso a diretora nada soube. Mas eu, eu fui liberada, eu pude partir.

Agradecimentos

> *Ah! Você está vendo.... está tudo aí, meu caro;*
> *para conseguir que eles saiam é preciso que você entre.*
> JACQUES LACAN. *O improviso de Vincennes*
> [3 de dezembro de 1969]

Tramo aqui textos inventados em contextos heterogêneos, como *La Décision du sens* (Paris: Vrin, 1989, com Michel Narcy), *L'Effet sophistique* (1995), *Voir Hélène en toute femme* (2000, com Maurice Matieu), *Avec le plus petit et le plus inapparent des corps* (Paris: Fayard, 2007), *Il n'y a pas de rapport sexuel* (Paris: Fayard, 2010, com Alan Badiou), assim como em uma obra inédita escrita a pedido de Diana Rabinovich para a Manantial (Argentina), e eu os cruzo com análises sugeridas por diálogos com Françoise Gorog, com Elisabete Thamer em sua tese *Logologie et parlêtre* (defendida em 2008), com Monique David-Ménard em seu Éloge des hasards dans la vie sexuelle (Paris: Hermann, 2012).

O motivo deste pequeno livro, confeccionado a pedido de Jean Allouch e de Thierry Marchaisse, que lhe deu o título, é dar aos leitores de Lacan e aos psicanalistas certos instrumentos e conceitos gregos que me parecem não necessários, mas vantajosos, não verdadeiros, mas úteis, para ler em Lacan um certo Lacan, e para ver na psicanálise um certo tipo de prática discursiva cuja exclusividade e primazia se poderá contestar, mas não o interesse.

Agradeço a Sophie Legrain por sua ajuda na confecção do manuscrito.

Este livro foi composto com tipografia Bembo e impresso
em papel Off-White 70 g/m² na Formato Artes Gráficas.